WIRTSCHAFTSGEOGRAPHISCHE STUDIEN (WIEN), BAND 30/31, 2005

WIRTSCHAFTSGEOGRAPHISCHE STUDIEN

Band 30/31

Herausgegeben von der

Österreichischen Gesellschaft für Wirtschaftsraumforschung

FESTSCHRIFT FÜR

UNIV.-PROF.

DR. CHRISTIAN STAUDACHER

ZUM

60. GEBURTSTAG

Beiträge zur Dienstleistungsgeographie und

angewandten regionalen Wirtschaftsgeographie

Wien, Mai 2005

WUV Universitätsverlag • Wien

Der Druck dieses Bandes wurde unterstützt durch das
Bundesministerium für Bildung, Wissenschaft und Kultur (Wien).

Herausgeber:
Österreichische Gesellschaft für Wirtschaftsraumforschung [ÖGW]
Präsident: AO Prof. Dr. Christian Staudacher

Schriftleitung dieses Bandes: Albert Hofmayer

Revision der englischen Texte: Audrey und Karl Sinnhuber (Shoreham by Sea)

Redaktionelle Assistenz: Gabriele Böhm

Adresse:
Abteilung Angewandte Regional- und Wirtschaftsgeographie
[A^RWI] der Wirtschaftsuniversität Wien
A-1090 Wien, Nordbergstraße 15, 4. Stock (UZA 4, Bauteil A)
Tel.: ++43-1-31336-5770
Fax: ++43-1-31336-9211
e-Mail: gboehm@wu-wien.ac.at

Bibliografische Information Der Deutschen Bibliothek
Die Deutsche Bibliothek verzeichnet diese Publikation in der Deutschen
Nationalbibliografie;
detaillierte bibliografische Daten sind im Internet über http://dnb.ddb.de
abrufbar.

© 2005 Facultas Verlags- und Buchhandels AG
WUV Universitätsverlag, Berggasse 5, A-1090 Wien
Alle Rechte, insbesondere das Recht der Vervielfältigung und der Verbreitung
sowie der Übersetzung, sind vorbehalten.
Druck: Facultas AG
Printed in Austria
ISBN 3-85114-935-1

Inhalt

- - - - -

GESELLSCHAFTSNACHRICHTEN

VORWORT

Dieser Band der Wirtschaftsgeographischen Studien ist Herrn Univ.-Prof. Dr. Christian STAUDACHER aus Anlass seines 60. Geburtstages gewidmet.

Christian STAUDACHER hat der österreichischen Geographie seit vielen Jahren große Dienste geleistet: Als Generalsekretär und langjähriger Vizepräsident der Österreichischen Geographischen Gesellschaft hat er viel zum Ansehen des Faches inner- und außerhalb Österreichs beigetragen. Seine Hauptwirkungsstätte ist jedoch die Wirtschaftsuniversität Wien (bis 1975: Hochschule für Welthandel), an der er seit 1970 tätig ist: zunächst als wiss. Hilfskraft, dann als Assistent, Dozent und AO.Univ.-Professor sowie seit 1991 als Leiter der Abteilung für Angewandte Regional- und Wirtschaftsgeographie (bis 1999: Praxisorientierte Wirtschaftsgeographie und Integrationsforschung). In all diesen Jahren hat er Generationen von Wirtschaftsstudenten in die Wirtschaftsgeographie eingeführt, und viele auch für das Fach begeistert.

Auch der Österreichischen Gesellschaft für Wirtschaftsraumforschung ist er seit Jahrzehnten eng verbunden. Er war zunächst einfaches Mitglied, dann Vorstandsmitglied, Vizepräsident und ist seit 2002 Präsident der ÖGW. Die Gesellschaft widmet ihrem Präsidenten dieses Bändchen, dessen Beiträge die Breite der fachlichen Interessen Christian Staudachers nur andeuten können. Es sind Aufsätze zur Dienstleistungsgeographie, zur unternehmensorientierten Wirtschaftsgeographie, zur Verkehrsgeographie und Globalisierung sowie zur Regionalgeographie. Die Herausgeber möchten sich beim Jubilar entschuldigen, dass es ihnen nicht gelungen ist, eine Arbeit aus der Angewandten Regionalforschung einzubeziehen, zu welcher Christian Staudacher ebenfalls viele wertvolle Beiträge – z. B. im Stadt- und Regionalmarketing – geliefert hat.

Mit diesem Band wollen die Herausgeber nicht nur einen anerkannten Fachkollegen ehren, sondern sich auch bei einem stets einsatzbereiten Chef und lieben Freund für seine Dienste bedanken. Lieber Christian, ad multos annos!

Klaus ARNOLD   *Albert HOFMAYER*   *Felix JÜLG*

namens des Vorstands der Österr. Gesellschaft für Wirtschaftsraumforschung

Foto: F. Ehrschwendner

Univ.-Prof. Dr. Christian Staudacher

beim Festkolloquium zu seinem 60. Geburtstag

Wien, 20. Oktober 2004

Christian Staudacher – ein Lebensbild

Klaus Arnold (Wien)

Christian Staudacher 60 Jahre! Zeit des Feierns, Zeit um zurückzublicken auf ein Leben als Geograph, als Freund, als Mensch! Dieser Rückblick soll der Person als Ganzes, nicht nur dem Wissenschafter gelten.
An der Spitze soll der Lebenslauf stehen, der beiträgt, die Herausbildung zum Wissenschafter aber auch zur Person des Lehrers und Freundes zu erklären. Im Anschluss daran soll sein wissenschaftliches Werk gewürdigt werden.[*]

1. Der Lebensweg

Christian Staudacher, unser Christian also, wurde am 29. Mai 1944 in der kleinen Gemeinde Reichenthal in Oberösterreich geboren. Eine damals noch rein landwirtschaftlich strukturierte Gemeinde bei Bad Leonfelden im Mühlviertel, rund 1400 Einwohner heute; viel Landschaft; Ackerbau, Viehwirtschaft, heute auch viele Auspendler.

Die Eltern waren daher Landwirte. Die kleinen Betriebe des Mühlviertels mit kargen, wenig ertragreichen Böden konnten aber schon damals die Betriebsinhaber in der Regel nicht ausreichend ernähren. Der Vater musste daher neben der Landwirtschaft einen Zweitberuf als Schuhmacher ausüben. Es soll hier aber auch vermerkt werden, dass die Familie Staudacher aus einem bis um das Jahr 900 zurück verfolgbaren Geschlecht stammt. Im Landesarchiv in Innsbruck befindet sich das 1165 entstandene Wappen der Familie. Und ich kann es mir durchaus vorstellen, dass Christian Staudacher seine Zähigkeit, mit der er die einmal gesteckten Ziele verfolgt, aus dem Erbe eines jahrhundertealten Tiroler Erbbauerngeschlechtes bezieht: beharrlich, zäh, verwurzelt.

Durch Fleiß gelang es den Eltern schon sehr früh, einen größeren Bauernhof in Gutau im östlichen Mühlviertel zu erwerben, ebenfalls eine Bergbauernwirtschaft, mit rund 11 ha für damalige Verhältnisse und für das Mühlviertel ein durchaus ansehnlicher, mittelgroßer Betrieb. Hier in Gutau ist unser Christian aufgewachsen, hier ist bis heute seine Heimat.

---

[*]) Diese Würdigung ist eine leicht überarbeitete Version der Laudatio, die beim Festkolloquium am 20. Oktober 2004 im Festsaal der WU Wien gehalten wurde.

Damals hatten die landwirtschaftlichen Betriebe noch eine relativ hohe Kinderzahl, und die Familie Staudacher machte hier keine Ausnahme: Christian Staudacher war eines von fünf Kindern, das drittgeborene, und da es drei Mädchen
und zwei Buben waren, hatte er als jüngerer Sohn keine Chance auf die Nach-
folge im väterlichen Betrieb. Damit war bis zu einem gewissen Grad der Lebensweg bereits vorbestimmt:

In vielen bäuerlichen Familien mit größerer Kinderzahl war es damals üblich,
dass der jüngste Sohn den Beruf eines Pfarrers ergreifen sollte, eine der wenigen Chancen um aus den beengten Lebensverhältnissen auszubrechen. Es
war vor allem der Wunsch seiner Mutter, dass ihm zunächst der Beruf eines
Geistlichen vorbestimmt sein sollte. So besuchte er nach der Volksschule das
Collegium Petrinum in Linz-Urfahr und ab der 3. Klasse das Privatgymnasium
der Jesuiten in Linz-Freinberg. In den beiden Internaten in der Landeshaupt-
stadt, rund 30 km vom Heimatort entfernt, verbrachte er als Gymnasiast insgesamt acht Jahre, und hier legte Christian Staudacher 1964 im Alter von 20 Jahren die Reifeprüfung ab.

Nun war von dem Beruf eines Pfarrers keine Rede mehr. Vielmehr wollte er ein
Architekturstudium beginnen, und wäre dieser frühe Berufswunsch geglückt, so
hätte er auch in diesem Metier sicher Beachtliches zustande gebracht. Denn –
das darf hier gleich angemerkt werden – Christian hat sich bis heute als eines
seiner Hobbies das Malen bewahrt und darin – das können alle bezeugen, die
Gemälde von ihm gesehen haben – ein beachtenswertes Können entwickelt.
Dazu hat er ein Faible für die moderne Malerei, und ein derartiges Bild war das
schönste Geschenk, das ihm Frau und Tochter vor kurzem bei der Feier seines
60. Geburtstags überreichen konnten.

Da es sich aber bei den beiden Linzer Gymnasien um humanistische Gymnasien handelte und in diesen Latein und Griechisch aber leider keine Darstellen-
de Geometrie unterrichtet wurde, kam es zu einer ganz anderen Entwicklung:
1964 reiste Christian nach Wien und begann sein Studium an der Philosophi-
schen Fakultät der Universität Wien. Mit den beiden Studienfächern Geschichte
und Geographie war es klar, dass der Beruf eines Mittelschullehrers angestrebt
wurde. Die folgenden Jahre von 1964 bis 1969 waren die typischen Jahre eines
Studenten: Studium an der ehrwürdigen Alma Mater und im damals neu entstandenen sog. Neuen Institutsgebäude in der Universitätsstraße, wo sich das
Geographische Institut befand, Wohnen im Studentenheim und im Sommer –
um das notwendige Geld zu verdienen – Ferialjobs. Das war damals noch nicht
so gut organisiert wie es heute der Fall ist und die Möglichkeiten waren nicht
immer die besten. Ich greife da nur einige heraus, die unser Christian auch zur
Finanzierung seines Studiums ergriff: Kellner in einem Schweizer Hotel; als
Eisverkäufer auf einem Schiff am Thuner See in der Schweiz, oder: bei der Firma Poloplast in Linz bei der Fertigung von Kunststoffrohren oder: Eier sortieren
bei der Firma Schärdinger in Wien.

Jedenfalls verstand er es, sich auch im handwerklichen Bereich in allen Lebenslagen durchzusetzen, und davon ist bis heute eine gewisse Vorliebe und auch das entsprechende Geschick für Arbeiten bei der Restaurierung im eigenen Heim geblieben. Aber – das soll auch die Vielfalt von Hobbies im privaten Bereich beleuchten – eine seiner liebsten Tätigkeiten ist das Kochen, und jeder, der bei Staudachers einmal eingeladen war, weiß, dass er es versteht, seiner Frau auf diesem Gebiet durchaus Konkurrenz zu machen. Wenn man dies noch um die Mithilfe im landwirtschaftlichen Betrieb ergänzt, dann erhält man das Charakter-Bild einer Person, die durchaus im vollen Leben steht und keinesfalls als trockener Wissenschafter gelten kann. Dass die Mithilfe beim Grashäckseln wegen eines gerissenen Antriebsriemens zu einem schweren Arbeitsunfall führte, der glücklicherweise keinen bleibenden Schaden hinterließ, sei hier noch nebenbei vermerkt.

Kehren wir aber wieder zum wissenschaftlichen Teil seines Lebens zurück: 1969 begann Christian das Doktoratsstudium bei Prof. Dr. Ernest Troger, einem der beliebtesten Geographie-Professoren der damaligen Periode. Das Thema der Dissertation behandelte die Wirtschafts- und Siedlungsentwicklung der drei Neusiedler See Gemeinden Neusiedl am See, Podersdorf und Rust. Mit großer Akribie – kennzeichnend für seinen wissenschaftlichen Arbeitsstil – widmete er sich dieser ersten großen selbständigen wissenschaftlichen Herausforderung. Mitten in die Arbeiten an der Dissertation fallen aber zwei einschneidende Ereignisse:

Zunächst wurde 1970 eine Stelle am Institut für Raumordnung der damaligen Hochschule für Welthandel bei Professor Strzygowski frei. Ich durfte mich bereits damals als einen seiner Freunde bezeichnen, war seit einem Jahr an dieser Hochschule beschäftigt und gab ihm den Wink, sich zu bewerben. Mit der Aufnahme als „wissenschaftliche Hilfskraft" war die Bahn für den Wissenschafter Christian Staudacher frei.

Etwa gleichzeitig lernte er auch seine Frau Annemarie kennen und damit eine Lebenspartnerin mit sehr ähnlichen charakterlichen Anlagen: Geduld, Verständnis, Ruhe, Ausgeglichenheit – der Beginn einer sehr harmonischen Ehe, die allen, die sie kennen, als vorbildlich erscheint. Am 25. Juli 1975 heirateten die beiden, und 1977 wurde ihre Tochter Claudia, der Stolz ihres Vaters, geboren. Damit war eine Familie entstanden, die in ihrem Familienverständnis heute bereits als selten glückliche Familie bezeichnet werden kann. Tochter Claudia – auch dies sei hier noch vermerkt – ist nicht in die Fußstapfen ihres Vaters getreten, sondern studierte Geschichte und Volkskunde und arbeitet heute in der Kunsthalle Wien.

Die persönlich-menschliche Entwicklung hat uns aber vom wissenschaftlichen Lebenslauf entfernt. Kehren wir daher wieder zurück und halten wir den 16. Mai 1974 als Datum der Promotion zum Dr. phil. im Fach Geographie fest. Damit war auch die Aufwertung der beruflichen Stellung von der Wissenschaftlichen

Hilfskraft zum Universitätsassistenten am inzwischen umbenannten Institut für Wirtschafts- und Sozialgeographie verbunden.

Der nächste wesentliche Schritt im wissenschaftlichen Lebensweg war die Habilitation mit der Habilitationsschrift über die Wirtschaftsdienste als Grundzüge der räumlichen Ordnung der Dienstleistungsproduktion. Eine Habilitation war immer eine große persönliche Herausforderung für einen jungen Wissenschafter, der zugleich voll im Berufsleben stand und auch für seine Familie Freizeit schaffen musste. 1988, nach vier keineswegs leichten Jahren, war es dann so weit: Mit der Verleihung der venia docendi aus „Wirtschaftsgeographie" wurde Christian Staudacher Assistenzprofessor am damaligen Institut für Wirtschaftsgeographie.

Inzwischen hatte ein neuer Institutsleiter das Institut übernommen und dieses wurde in zwei Abteilungen gegliedert.

1991 wurde Christian Staudacher Abteilungsleiter der neu geschaffenen „Abteilung für Praxisorientierte Wirtschaftsgeographie und Räumliche Integrationsforschung", die sich damals in einer Jugendstilvilla im 19. Bezirk in der Peter-Jordan-Straße befand. Die Abteilung bestand aus ihm als Leiter, drei Assistenten und einer Sekretärin. Rückblickend war es eine sehr erfolgreiche Periode, in der die wesentlichen Grundlagen der Abteilung gelegt wurden: Starke Orientierung in der Lehre neben der entsprechenden Forschungstätigkeit und starke Ausrichtung auf DiplomandInnen und DissertantInnen. Unter seiner Führung wurde die Abteilung – obwohl schwach besetzt – zu einer der wichtigsten Institutionen in der Betreuung von Diplomarbeiten und Dissertationen, und obwohl die Abteilung ca. 15 Gehminuten von der Wirtschaftuniversität entfernt lag, wurde sie von einer großen Zahl von Studierenden besucht, die das Wahlfach Wirtschaftsgeographie wählten.

1998 übernahm Christian Staudacher zusätzlich zu allen Aufgaben in der Abteilung die Stelle als Lektor für Wirtschaftsgeographie an der Fachhochschule „Europäische Wirtschaft und Unternehmensführung".

2001 übernahm Christian Staudacher das Amt des Präsidenten der Österreichischen Gesellschaft für Wirtschaftsraumforschung und prägte es von Beginn an durch die ihm eigene Sachlichkeit, das Engagement und die Exaktheit im Arbeiten.

Man wird die Frage stellen, ob es neben der Lehre und der Forschung bzw. der Leitung der Abteilung und als Präsident der Österreichischen Gesellschaft für Wirtschaftsraumforschung noch ein Privatleben gibt. Ich glaube, nach dem bisher Gehörten werden Sie mir zustimmen, dass dies sehr wohl der Fall ist: Malen, Handwerken im Heim, Kochen als Hobbies, Tennisspielen als besonders beliebte sportliche Betätigung, die Pflege des Zweitwohnsitzes in Gutau im Mühlviertel ergänzen das Bild einer Person, die vieles zugleich ist: Wissenschafter, Freund und Mensch.

2. Der Wissenschafter

Wenden wir uns nun dem Wissenschafter Christian Staudacher zu und werfen wir einen kurzen Blick auf seine wissenschaftlichen Leistungen. Zwei Bereiche sind untrennbar verbunden und zeigen die Ausgewogenheit der Person:

a) die Leistungen in der Lehre,

b) die Leistungen als Forscher.

a) Die Lehre

Für Christian Staudacher war die Lehre nie ein bloßes Lippenbekenntnis, nie eine leider notwendige Pflichterfüllung, wie dies heute doch bei einer nicht unbedeutenden Zahl von Forschern der Fall ist, sondern immer eine ganz besondere Aufgabe, der er sich mit vollem Engagement unterzog. Und das Arbeiten mit seinen SchülerInnen hat für ihn einen ganz besonderen Reiz. Auf einer Vielzahl von Exkursionen – deren Durchführung einen integrierenden Bestandteil und gleichsam den USP (das Alleinstellungsmerkmal) unserer Abteilung bildet –, auf Dissertantenseminaren oder bei der Arbeit mit seinen DiplomandInnen und DissertantInnen versucht er seine Begeisterung für unsere Disziplin, sein Wissen und seine Arbeitsfreude den TeilnehmerInnen zu vermitteln und auf sie zu übertragen.

438 Diplomarbeiten und 22 Dissertationen wurden von ihm seit Erlangung der Venia im Jahre 1988 bis heute (2004), also innerhalb von 16 Jahren, persönlich betreut – mit einiger Sicherheit ein Spitzenwert an der WU. Das belegt zweifellos einmal rein vom Quantitativen her recht eindrucksvoll das vorher Gesagte.

b) Die Forschung

Würdigt man Christian Staudacher als Forscher, so fällt zunächst die Konzentration des Forschungsansatzes auf den Dienstleistungssektor auf: In der Literaturdatenbank GEODOK sind insgesamt 14 größere wissenschaftliche Aufsätze und Arbeiten von ihm vermerkt. Sie betreffen mit Ausnahme einer Arbeit, welche die Entwicklung der Abteilung unter seiner Leitung darstellt, durchwegs Bereiche des tertiären Sektors. Die meisten Arbeiten (4) entstammen dem Bereich Stadtentwicklung / Bahnhofsviertel als jüngstem Forschungsschwerpunkt, weitere 4 Arbeiten sind dem Bereich Wirtschaftsdienste zuzurechnen, 2 dem Tourismus und je 1 dem Arbeitsmarkt, den Zentralen Orten und dem Einzelhandel.

In der FIDES Datenbank der WU sind insgesamt 60 Veröffentlichungen (Stand: Oktober 2004) erfasst. Es ist mir klar, dass rein quantitative Auswertungen keine qualitative Wertung ergeben können. Aber Abb. 1 zeigt uns dreierlei:

a) die große Zahl von Beiträgen in Fachzeitschriften, welche den Schwerpunkt der wissenschaftlichen Arbeitsleistung von Christian Staudacher ausmachen;

b) den relativ großen Anteil von Forschungsberichten und Gutachten, welche zeigen, dass hier ein Geograph am Werk ist, der es versteht, seine wissenschaftliche Leistung auch für die Nachfrage am freien Markt zu erbringen;

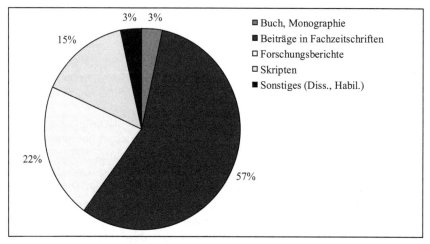

Abb. 1: Arten von wissenschaftlichen Veröffentlichungen von Christian Staudacher 1970 – 2004

Quelle: FIDES Forschungsdatenbank der WU Wien

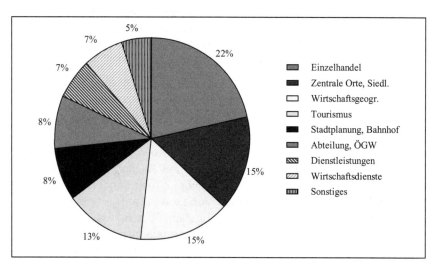

Abb. 2: Wissenschaftliche Veröffentlichungen von Christian Staudacher 1970 – 2004 nach Fachgebieten

Quelle: FIDES Forschungsdatenbank der WU Wien

c) den relativ großen Anteil von Skripten und Lehrunterlagen, welcher das Engagement in der Lehre widerspiegelt.

Die zweite Darstellung (Abb. 2) zeigt uns, dass trotz der zuvor angesprochenen grundsätzlichen Konzentration auf den tertiären Sektor eine breite Spannweite von Arbeiten über den Einzelhandel, Zentrale Orte, Tourismus bis hin zur Allgemeinen Wirtschaftsgeographie – im Wesentlichen die Lehrunterlagen – gegeben ist.

Nimmt man die wichtigsten wissenschaftlichen Arbeiten von Christian Staudacher, wie die in den 90er Jahren entstandenen „Wirtschaftsdienste", die Monographie über Dienstleistungen, Raumstruktur und räumliche Prozesse und die neuesten Aufsätze über Stadtplanung und Bahnhofsviertel, so lassen sich durchgängig folgende charakteristische Eigenheiten des Verfassers feststellen:

a) eine breite Literatur- und Quellenkenntnis;

b) eine Vorliebe für eine starke theoretische Begründung empirischer Befunde;

c) eine Neigung, Organisationen und hier vor allem den unternehmensgeographischen Aspekt in den Vordergrund zu stellen;

d) eine Neigung zu sehr systematischen Denkansätzen und zur Entwicklung entsprechender Verarbeitungsmuster, die vor allem in zahlreichen Abbildungen graphisch eindrucksvoll aufbereitet werden;

e) das Bestreben, auch in bisher von der geographischen Forschung wenig bearbeitetes Neuland vorzustoßen, wie dies etwa mit seiner Arbeit über die Wirtschaftsdienste erfolgte, die damals (Anfang der 90er Jahre) noch recht wenige Vertreter vorfand.

Wir wollen Christian Staudacher mit der Herausgabe dieses Festbandes zugleich unsere Glückwünsche zum runden Geburtstag und die Hoffnung auf eine weitere gute Zusammenarbeit in der Wissenschaft, Lehre und im persönlichen Bereich ausdrücken.

Anhang:

Verzeichnis der wissenschaftlichen Veröffentlichungen von Christian Staudacher

Anmerkung der Redaktion:

Das Publikationsverzeichnis enthält auch neueste Arbeiten, die erst nach Abfassung der vorstehenden Würdigung erschienen sind, darunter das im Frühjahr 2005 publizierte Lehrbuch „Wirtschaftsgeographie regionaler Systeme" (WUV Universitätsverlag, Wien).

Verzeichnis der wissenschaftlichen Veröffentlichungen von Christian STAUDACHER

Vorbemerkung: Diese Liste enthält nur Veröffentlichungen in schriftlicher Form. Nicht enthalten sind Präsentationen auf Fachtagungen und sonstige nichtpublizierte Vorträge.

1. **1973 Vergleichende Strukturuntersuchung von Neusiedl, Podersdorf und Rust, Versuch einer planungsbezogenen Darstellung von Landgemeinden**
   Diss., Univ. Wien, Wien 1973, 230 S., 35 Tab., 52 Abb., 18 Karten.

2. **1974 Der Bergbau als Rohstoffproduzent und seine wirtschaftliche Bedeutung** / Wirtschaftsgeographie – Einführung III.
   Skriptenverlag der Hochschülerschaft der WU-Wien, Wien 1974, 101 S., zahlreiche Abb.

3. **Wirtschaftsgeographie – Einführung**
   gemeinsam mit Arnold, K. und Nowak, H. Skriptenverlag der Hochschülerschaft der WU-Wien, Wien 1974, 40 S., mehrere Abb.

4. **1975 Neusiedl am See. Der Wandel der Sozialstruktur**
   in: Neusiedl am See – 50 Jahre Stadt, Neusiedl am See 1975, S. 69-72.

5. **Neusiedl am See. Die Siedlung im Wandel vom Bauerndorf zum Regionalzentrum**
   in: Österreich in Geschichte und Literatur mit Geographie, Wien 1975, 19, 6, S. 350-364.

6. **1976 Arbeitsmaterialien zur Wirtschaftsgeographie**
   gemeinsam mit Arnold, K. und Nowak, H. Skriptenverlag der Hochschülerschaft der WU-Wien, Wien 1976, 88 S., Abb., Tab.

7. **Räumliche Ordnung und Dynamik in ländlichen Siedlungen, dargestellt am Beispiel Neusiedl, Podersdorf und Rust**
   in: Wiener Geographische Schriften, Wien 1976, 46/47/48, S. 126-143.

8. **1977 Wirtschaftsgeographie – Arbeitsmethoden**
   Skriptenverlag der Hochschülerschaft der WU-Wien, Wien 1977, 41 S., zahlreiche Abb.

9. **1978 Analyse der kommunalen Meinungs- und Verhaltensstrukturen in Hollabrunn**
   gemeinsam mit Arnold, K. Projektbericht, Wien 1978, 111 S., zahlreiche Abb. und Tab.

10. **Das Einkaufsverhalten im Bezirk Hollabrunn, Struktur und räumliche Orientierung des Einkaufsverhaltens**
    gemeinsam mit Arnold, K. Projektbericht, Wien 1978, 182 S., 74 Abb., 29 Tab.

11.   **Das Einkaufsverhalten im Bezirk Hollabrunn, Problemanalyse, Zielsetzungen, Maßnahmen**
gemeinsam mit Arnold, K. Projektbericht, Wien 1978, 22 S.

12.   **Hausruckviertel und oberösterreichisches Salzkammergut – Exkursionsbericht**
gemeinsam mit Arnold, K. und Nowak, H. in: Österreich in Geschichte und Literatur mit Geographie, Wien 1978, 22, 5, S. 290-309.

13. 1979 **Bergbau und Energiewirtschaft** / Wirtschaftsgeographie – Einführung III.
2. neubearb. Auflage, Skriptenverlag der Hochschülerschaft der WU-Wien, Wien 1979, 79 S., zahlreiche Abb. und Tab.

14.   **Bevölkerungsgeographie** / Wirtschaftsgeographie – Einführung IV.
Skriptenverlag der Hochschülerschaft der WU-Wien, Wien 1979, 57 S., 19 Abb.

15.   **Urlaub auf dem Bauernhof in Niederösterreich**
gemeinsam mit Arnold, K. in: Almanach '79 der österreichischen Forschung, Wien 1979, S. 7-15.

16.   **Probleme der räumlichen Organisation der Nahversorgung mit Lebensmittelgeschäften im ländlichen Raum – dargestellt am Beispiel des Bezirkes Hollabrunn (Niederösterreich)**
in: Wirtschaftsgeographische Studien, Wien 1979, Jg. 3, H. 5, S. 189-212.

17. 1980 **Forschungsorte und Forschungsstädte in Österreich**
in: Österreich in Geschichte und Literatur mit Geographie, Wien 1980, 25, 1, S. 29-44.

18.   **Geographie der Dienstleistungen** / Wirtschaftsgeographie – Einführung VII.
Skriptenverlag der Hochschülerschaft der WU-Wien, Wien 1980, 75 S., 8 Abb.

19.   **Struktur und aktuelle Tendenzen im Siedlungsbild Oberösterreichs**
in: Österreich in Geschichte und Literatur mit Geographie, Wien 1980, 24, 3, S. 171-194.

20. 1981 **Wien, Arbeitsmaterialien zur Wirtschaftsgeographie**
gemeinsam mit Arnold, K. und Nowak, H. Skriptenverlag der Hochschülerschaft der WU-Wien, Wien 1981, 2. überarb. Auflage, 88 S., zahlreiche Abb. und Tab.

21.   **Urlaub auf dem Bauernhof : eine empirische Untersuchung der Struktur und Entwicklung einer spezifischen Erholungsform und ihrer Auswirkungen auf die Land- und Forstwirtschaft in Niederösterreich**
gemeinsam mit Arnold, K. Wien 1981, 118 S., 43 Tab., 33 Abb. (= Wiener Geographische Schriften, 55/56).

22. 1982 **Verkehrsgeographie** / Wirtschaftsgeographie – Einführung VIII. gemeinsam mit Arnold, K. Skriptenverlag der Hochschülerschaft der WU-Wien, Wien 1982, 60 S., 18 Abb.

23. **Wirtschaftsgeographie: Grundbegriffe und Forschungsmethoden** Skriptenverlag der Hochschülerschaft der WU-Wien, Wien 1982, 58 S., 22 Abb.

24. 1984 **Bevölkerungsgeographie** / Wirtschaftsgeographie – Einführung 5. Service Fachverlag WU-Wien, Wien 1984, 4. neubearb. Auflage, 64 S., 15 Abb., 6 Tab.

25. **Invention, Diffusion und Adoption der Betriebsinnovation 'Urlaub auf dem Bauernhof', Beispiel Niederösterreich** in: Zeitschrift für Agrargeographie, Paderborn 1984, 2, 1, S. 14-35.

26. **Pendelwanderung und Arbeitsmarktstrukturen in zentral-peripheren Wirtschaftsräumen, Das 'Untere Mühlviertel' als regionaler Sektor des oberösterreichischen Arbeitsmarktes** in: Husa, K. / Wohlschlägl, Ch. (Hrsg.): Beiträge zur Bevölkerungsforschung. Festschrift zum 60. Geburtstag von Ernest Troger, Wien 1984, Bd. 1, S. 141-162.

27. **Wirtschafts- und Sozialgeographie** in: Österreichische Hochschulzeitung, Wien 1984, 36, 12, S. 18-22.

28. **Wirtschaftsdienste (producer services, business services, industrial services) als Forschungsthema der Wirtschaftsgeographie** in: Wirtschaftsgeographische Studien, Wien 1984, Jg. 7, H. 12/13, S. 57-84.

29. **Zentralörtliche Muster in alpinen Räumen. Hypothesen zur Abwandlung zentralörtlicher Muster unter den Bedingungen räumlicher Inhomogenität** in: Österreichische Beiträge zur Geographie der Ostalpen, IGU-Congress 1984, Wien 1984 (= Wiener Geographische Schriften, 59/60), S. 122-132.

30. 1987 **Mitteleuropa – Zur Kritik der Definition und Verwendung von Raumbegriffen** in: freie argumente, Wien 1987, 14, 4, S. 3-15.

31. **Wirtschaftsdienste, Grundzüge der räumlichen Organisation der intermediären, marktmäßigen Dienstleistungsproduktion und ihrer Bedeutung im Zentren- und Regionssystem Österreichs** Habilitationsschrift (eingereicht an der WU-Wien), Wien 1987, 2 Bände, 753 S., 143 Tab., 80 Abb.

32. 1988 **Dienstleistungen und Regionalentwicklung. Raummuster und räumliche Disparitäten der Nutzung von Wirtschaftsdienstleistungen im Zentren und Regionssystem Österreichs** in: Wirtschaftsgeographische Studien, Wien 1988, Heft 15/16, S. 49-75.

33. **Kaufkraftstromanalyse Niederösterreich / Bruck a. d. Leitha**
gemeinsam mit Arnold, K. Vorbericht, Forschungsbericht im Auftrag der Handelskammer Niederösterreich, Wien 1988, 98 S., 32 Tab.

34. **Kaufkraftstromanalyse Niederösterreich – Rohbericht**
gemeinsam mit Arnold, K. Wien 1988, 125 + 28 S., 50 Abb., 27 Tab.

35. **Kaufkraftstromanalyse Niederösterreich – Endbericht**
gemeinsam mit Arnold, K. Forschungsbericht im Auftrag der Handelskammer Niederösterreich, Wien 1988, Bd. 1: 116 S., 24 Tab., 19 Abb.; Bd. 2: 132 S., 40 Tab., 45 Abb.; Bd. 3: 143 S., 77 Tab., 11 Abb.

36. **DDSG-Schiffahrt auf der Donau, Analysen zum Image und zur Bewertung des Schiffahrtsangebotes und von Projekten zur Erneuerung des Angebotes**
gemeinsam mit Zafarpour, S. Endbericht, Forschungsbericht im Auftrag der DDSG, Wien 1988, 188 S., 61 Abb., 106 Tab.

37. **Projekt Donauraum, Imageanalyse des österreichischen Donauraumes als Tourismusraum und von Entwicklungsprojekten im Donauraum**
gemeinsam mit Zafarpour, S. Forschungsbericht, Wien 1988, 29 S., 15 Tab., 1 Abb.

38. **Verkehrsgeographie I, Grundlagen, Konzepte, Modelle**
Skriptum, Service Fachverlag WU-Wien, Wien 1988, 2. Auflage.

39. 1989 **Die Rolle von Freizeitunternehmen im großstädtischen Erholungsraum: Das Personenschiffahrtsangebot im Erholungsraum der Wiener**
in: Koncepcia a tvorba sfér zotavenia a rekreácie obyvatelstva miest, IV. Medzinárodná konferencia o cestovnom ruchu [IV. Internationale Konferenz zu Fragen des Tourismus], Prag 1989, S. 290-291.

40. **Dienstleistungen und Regionalentwicklung – Fragen, Begriffe, Hypothesen und Strategien**
Beiträge zur 3. Tagung für Regionalforschung und Geographie in Zell am Moos, in: AMR-INFO, Mitteilungen des Arbeitskreises für Regionalforschung, Wien 1989, 19, S. 201-209.

41. 1990 **Kaufkraftstromanalyse Niederösterreich, Ein Forschungsprojekt der Österr. Gesellschaft für Wirtschaftsraumforschung**
gemeinsam mit Arnold, K. in: Wirtschaftsgeographische Studien, Wien 1990, H. 17/18, S. 1-2.

42. **Kaufkraft, Kaufkraftströme und räumliches Einkaufsverhalten, Basisbegriffe der Kaufkraftstromanalyse**
in: Wirtschaftsgeographische Studien, Wien 1990, H. 17/18, S. 3-13.

43. **Aktionsraum und Einkaufsverhalten, Empirische Ergebnisse aus der Kaufkraftstromanalyse Niederösterreich**
in: Wirtschaftsgeographische Studien, Wien 1990, H. 17/18, S. 89-130.

44.   Die Österreichische Gesellschaft für Wirtschaftsraumforschung (ÖGW) – Entwicklung, Ziele und Strategien
in: Wirtschaftsgeograph. Studien, Wien 1990, H. 17/18, S. 145-152.

45. 1991 Dienstleistungen : Raumstruktur und räumliche Prozesse – Eine Einführung in die Dienstleistungsgeographie
Service Fachverlag, Wien 1991, 284 S., 59 Abb., 21 Tab., ISBN 3-85428-191-9.

46.   Projektbericht zur Kaufkraftstromanalyse Wien 1989/90, Teil I: Grundlagen: Begriffe, Befragung, Stichprobe
gemeinsam mit Arnold, K., Daroczi, Z. und Zafarpour, S. ÖGW-Projekt, Wien 1991, 78 + III S., 4 Abb., 42 Tab.

47.   Projektbericht zur Kaufkraftstromanalyse Wien 1989/90, Teil II: Einkaufsverhalten: Einstellungen und Bewertungen
gemeinsam mit Arnold, K., Daroczi, Z. und Zafarpour, S. ÖGW-Projekt, Wien 1991, 89 + VI S., 42 Abb., 23 Tab. + 14 Anhangtab.

48. 1992 Wirtschaftsdienste : zur räumlichen Organisation der intermediären Dienstleistungsproduktion und ihrer Bedeutung im Zentren-Region-System Österreichs
Service Fachverlag, Wien 1992, 281 S., 31 Abb., 36 Tab. (= Wiener Geographische Schriften, 62/63), ISBN 3-85428-213-3.

49. 1993 Standortnetze – Netzstandorte: Zur Ambivalenz von Standortstrategie und Raumstruktur
in: Festschrift für Wigand Ritter zum 60. Geburtstag. Nürnberger Wirtschafts- und Sozialgeographische Arbeiten, Nürnberg 1993, 46, S. 47-91.

50. 1995 „Fremdenverkehrs-/Freizeitdienstleistungen", Ansätze zu einer Geographie der Tourismus- und Freizeit-Unternehmen
in: Wirtschaftsgeographische Studien, Wien 1995, Heft 19/20, S. 1-23.

51.   Dienstleistungen als Gegenstand der Wirtschaftsgeographie
in: Die Erde, Berlin 1995, Jg. 126, S. 123-137.

52. 1996 Die Exkursion als fruchtbares Lehrkonzept der Praxisorientierten Wirtschaftsgeographie
in: Wirtschaftsgeographische Studien, Wien 1996, Heft 21/22, S. 21-22.

53.   5 Jahre AWI – Abteilung Praxisorientierte Wirtschaftsgeographie und Räumliche Integrationsforschung : ein Arbeits- und Leistungsbericht
Wirtschaftsgeographische Studien, Wien 1996, Heft 23, 43 Seiten.

54.   Stadtmarketing Stockerau – Grundlagenforschung / Ergebnisse der Erhebungen über Geschäftsstruktur, Kundenstruktur, Einkaufsmotive und Attraktivitätsbewertung der Einkaufsstadt Stockerau und die Kaufkraftströme in Stockerau und seinem Hinterland.
Projektbericht, Oktober 1996.

55. 1997 **Stadtsaal Stockerau** / Expertise über Organisation, Management und Marketing, Nachfragepotential, Vernetzung und Externe Effekte. Gutachten, Juni 1997.

56. **Wirtschaftsgeographie, Eine Einführung: Teil 1** / Einführung, Basisfragestellungen, Unternehmensgeographie. Service Fachverlag, Wien 1997, Skriptum X 7700180, 258 S., 64 Abb., 4 Tab., 1. Aufl.

57. 1998 **Wirtschaftsgeographie Teil 1** / Einführung, Basisfragestellungen, Unternehmensgeographie. Service Fachverlag, Wien 1998, 2. Aufl.

58. **Wirtschaftsgeographie Teil 2** / Wirtschaftliche Regionalsysteme, Strukturen, Prozesse, Steuerung. Service Fachverlag, Wien 1998, 2. Aufl.

59. 1999 **Rock'n'Roll-Akrobatik-Dienstleistungen : eine unternehmensgeographische Analyse** gemeinsam mit Pomberger, R. in: Wirtschaftsgeographische Studien, Wien 1999, Heft 24/25, S. 130-154.

60. 2000 **Analyse der Ostregion (Österreich)** Bericht. 2000

61. 2001 **'Angewandte Regional- und Wirtschaftsgeographie' – Konzept und Realisierung im Rahmen des Lehrprogramms der A^{R}WI an der WU Wien** in: Wirtschaftsgeographische Studien, Wien 2001, Heft 26, S. 69-90.

62. **Evaluierung der Lehre an der 'Abteilung für Regional- und Wirtschaftsgeographie' (A^{R}WI)** in: Wirtschaftsgeographische Studien, Wien 2001, Heft 26, S. 91-98.

63. **Bahnhof und Stadt. Knotenpunkte der Schieneninfrastruktur, Wirtschaftsstandort und Stadtentwicklungsfaktor** Die ÖBB-Bahnhofsoffensive und Beispiele aus dem benachbarten Ausland. Gemeinsam mit Juchelka, R. und Hofmayer, A. Forschungsbericht, Wien 2001, 185 S.

64. **IT-Fachkräfte aus dem Ausland – alter Kolonialismus oder ,autos poiein'?** in: Facultas Journal für Wirtschaft, Recht und Steuern, Wien 2001, Nr. 02, S. 3.

65. 2002 **Bahnhof und Stadt – Projekt-Kooperation: Forschung – Lehre – Praxis** gemeinsam mit Juchelka, R. in: Wirtschaftsgeographische Studien, Wien 2002, Heft 27/28, S. 7-16.

66. **Bahnhof und Stadt – Bahnhofsviertel als Standort- und Lebensgemeinschaft** in: Wirtschaftsgeographische Studien, Wien 2002, Heft 27/28, S. 17-36.

67. **Bahnhofs-Viertel als Regionalsysteme. Netzwerkbildung und regionale Sozialisation**
in: Wirtschaftsgeographische Studien, Wien 2002, Heft 27/28, S. 37-60.

68. **Bahnhof und Stadt – Instrumente und Durchführung der empirischen Erhebungen**
in: Wirtschaftsgeographische Studien, Wien 2002, Heft 27/28, S. 63-76.

69. **Struktur, Entwicklung und Problematik der Bahnhöfe und Bahnhofsviertel in Österreich: Wien-Meidling, St. Pölten und Linz als Fallstudien**
in: Wirtschaftsgeographische Studien, Wien 2002, Heft 27/28, S. 123-154.

70. **Bahnhöfe und Bahnhofsviertel – Bewertung und Chancen als Wirtschaftsstandort / Ergebnisse der österreichischen Fallstudien**
in: Wirtschaftsgeographische Studien, Wien 2002, Heft 27/28, S. 155-176.

71. **Standortkomplex Bahnhof – Ergebnisse und Handlungsempfehlungen zur Neugestaltung und Standortentwicklung**
gemeinsam mit Juchelka, R. in: Wirtschaftsgeographische Studien, Wien 2002, Heft 27/28, S. 177-206.

72. 2004 **Grundverkehrswert und Schutzgebiete**
Gutachten im Auftrag der Österreichischen Nationalbank, Jubiläumsfondsprojekt Nr. 11095, Wien 2004, 5 S.

73. **Ort- und Stadtkernbereich EUROPARK-Taxham in Salzburg?**
Bewertung der beabsichtigten Widmung aus fachlich-wirtschaftsgeographischer Sicht. Gutachten, Wien 2004, 19 S.

74. **Waidhofen an der Ybbs – Altstadtzentrum / „EKZ Stadt der Türme"?**
Projektbericht, Wien 2004, 100 S., 38 Abb.

75. 2005 **Wirtschaftsgeographie regionaler Systeme**
WUV Universitätsverlag, Wien 2005, 482 Seiten, 68 Abbildungen, ISBN 3-85114-889-4.

76. **Von der Kartographie zur Systemtheorie. Wigand RITTER zum 70. Geburtstag**
in: Mitteilungen der Österreichischen Geographischen Gesellschaft. *In Druck*

Aktuelle Einflussfaktoren auf Dienstleistungsangebote –

Auf dem Weg zur Lenkungsresistenz?

Peter GRÄF (Aachen)

Der Autor konstatiert eine zunehmende Resistenz des Angebots von Dienstleistungen (DL) gegen ordnungspolitische Lenkungsmaßnahmen. Als Einflussursachen werden folgende identifiziert und erläutert:
- ein unabhängig von der DL-Wirtschaft agierender Immobilienmarkt;
- die Krise öffentlicher Haushalte mit Einsparungen entsprechender DL (z. B. ÖPNV, Kultur);
- die Nicht-Administrierbarkeit von Verflechtungsbeziehungen im Bereich privater kommerzieller DL;
- ordnungspolitische Unterschiede zwischen Staaten (z. B. Genehmigungspraxis für FOC), Lohn- und Preisgefälle, was sich v. a. in grenznahen Räumen der EU auswirkt;
- neue Verhaltenstrends: Schnäppchenmentalität, Fachkommunikations-Sperre, Versteigerung als Publikumssport;
- juristische Regulative für DL (Öffnungszeiten, Vertragsrecht), was zur Bevorzugung von Offshore-Standorten auch in Europa führt;
- technische Innovationen: bisherige (Handy) wie schon verfügbare neue mobile Kommunikationsformen (WiMAX, ePaper); auch Faktoren, die deren Verbreitung limitieren, werden genannt.
Folgen dieser Entwicklungen werden u. a. in Bezug auf zentralörtliche Funktionen erläutert. Abschließend betont der Autor, dass DL kaum noch administrativ-planerisch gestaltbar sind, sondern v. a. über massive Beeinflussung der Konsumenten gesteuert werden. Er plädiert für Einbeziehung obiger Ursachen in die wissenschaftliche Wirtschaftsgeographie.

Current factors influencing the supply of services –
WIll structures turn resistant to steering measures?

The author starts from the assertion that supply of services is becoming increasingly resistant to regulations. The following factors accounting for this fact are identified and discussed:
- *the existence of a real estate market acting independently from the services market;*
- *the crisis of public households, with subsequent reduction of services offered (e. g. public transport, cultural institutions);*
- *the impossibility to govern the 'hinterland' linkages of privately owned commercial services;*
- *cross-border political-administrative differences (e. g. in approval procedures of FOCs), wage and price differentials, especially effective in EU border regions;*
- *new behavioural trends: 'bargain' mentality, blocking of pertinent communication,*

auctions as fun for the public;
- *legal regulations for services (opening hours, contract law) which lead to a preference for offshore locations also existing in Europe;*
- *technological innovations: both prevalent (mobile phone) and already available new devices of mobile communication (WiMAX, ePaper); also factors impeding their diffusion are enumerated.*

Consequences of these factors are discussed i. a. with respect to central-place functions. Finally, the author asserts that services are no longer manageable by administrative planning but rather controlled by massive influencing of the consumers. He argues for incorporating the above mentioned factors into economic geographical studies of services.

Einleitung

Dienstleistungen im Spiegel wirtschaftsgeographischer Analysen waren in den zurückliegenden Jahren überwiegend selektiv auf bestimmte Angebotsgruppen ausgerichtet. Einerseits standen und stehen die unternehmensspezifischen Dienstleistungen stark im Vordergrund des Forschungsinteresses (vgl. u. a. STAUDACHER, 1992, S. 194; STRAMBACH, 2004, S. 50 f.); diese sind in ihrer Verstandortung, Clusterbildung und Vernetzung mit erheblichen Effekthoffnungen verbunden, die sich von der Stärkung einzelner Innenstadtareale bis hin zur Etablierung und Festigung des Entstehens von Metropolitanregionen und Global Cities erstrecken.

Andererseits hat sich die Selektivität stark auf die Handelsforschung (Einzelhandelsstandorte), auf Finanzdienstleistungen, in kürzerem Rückblick auch auf Immobilienmärkte konzentriert (vgl. u. a. KULKE, 1995, S. 4 f.). Die Geographie des Tourismus, des Fremdenverkehrs und der Freizeitgestaltung hat eine so starke Eigendynamik entwickelt, dass sie meist nicht als Zweig einer Dienstleistungsgeographie empfunden wird. Der gemeinsame Nenner bleibt aber die am Konsumenten, am Kunden, am Clienten oder am Gast orientierte Dienstleistung, wie schon in den Neunzigerjahren von STAUDACHER (1991, S. 258 f.) unterstrichen wurde.

In Bezug auf die dynamische Prozesskomponente, jene zu FOURASTIÈs Zeiten noch nicht abschätzbare technische Überformung der Dienstleistungswelt, hat die Wirtschaftsgeographie die hierdurch induzierten Innovationsprozesse, Lebenszyklen (z. B. bestimmter Handelsformen) und Verhaltenstrends zu erfassen versucht (SEDLACEK, 2003, S. 14). Den diesen Prozessen innewohnenden Kräften wurde aber vielfach versucht, mit zahlreichen, vor allem ordnungspolitischen, Maßnahmen entgegenzuwirken. Beispielsweise waren im Dienstleistungsbereich des Handels Raumordnungsverfahren für großflächige Einzelhandelsformen, Reglementierung der Geschäftsöffnungszeiten, Abblockung von neuen Handelsformen (u. a. FOC) dirigistische Eingriffe in eine standortbezogene Marktentfaltung. Als Argument zur Begründung der Maßnahmen wurde die Schutzwürdigkeit spezifischer Strukturen (z. B. Facheinzel-handel, Lebensmittelhandwerk) oder bestimmter Standorte (City, Subzentren, Ortszentren) oder die Wahrung hierarchischer Organisationsmuster der Versor-gung (Zentrale-Orte-Konzept) in den Vordergrund gestellt. Unterstützt wurden solche Steuerungsbemühungen durch Positiv-Aktionen der Unternehmensko-operation, der Schaffung von „City- und Stadtmarketing" und durch Aktionen von Werbegemeinschaften.

Unterzieht man pauschalierend die zuvor genannten Aktivitäten einer kritischen Würdigung, so ist der Effekt (von einigen erfolgreichen Bemühungen als Unika-te abgesehen) sehr ernüchternd. Man kann nicht erwarten, dass die um Erfolg sich mühenden Institutionen allzu offen das Misslingen eingestehen. Eher müs-sen dann Kaufkraftschwächen, Arbeitslosigkeit und Marktaggressivität einiger Marktführer als Erklärung des Lenkungsversagens herhalten. Es scheint also durchaus wert zu überlegen, wo eigentlich die Ursachen bei vertiefender Be-trachtung liegen. Es beginnt sich eine Periode abzuzeichnen, in der möglicher-weise unter lokalem bzw. regionalem Blickwinkel die Strukturen zunehmend gegen Steuerung resistent werden. Die nachfolgenden Darlegungen versuchen, diesen Gedanken von verschiedenen Perspektiven aus zu beleuchten.

1. Standortrelevante Faktoren

Standortanalysen von konsumbezogenen Dienstleistungsunternehmen konsta-tieren in der Regel Konzentration, Branchendifferenzierung und Typenvariabili-tät von Unternehmen, beispielsweise des Handels, der persönlichen Dienstleis-tungen, der Gastronomie oder des Entertainments. Meist wird beim Wandel der Standorte kaum berücksichtigt, das sich im Wettbewerb zwei Märkte überla-gern: Jener der Nachfrage bzw. der angebotenen Dienstleistungen (Kundenori-entierung) und jener der „Gehäuse", d.h. der Konditionen, zu denen die zur Umsetzung der Dienstleistungen jeweils benötigten Immobilien angeboten wer-den (Unternehmensorientierung).

Die Höhe der Miet- und Kaufpreise für Einzelhandelsimmobilien wird in enger Korrelation zur Lagequalität gesehen. Eine 1a-Geschäftslage im immobilien-wirtschaftlichen Sinne wird die Durchschnittskosten für Gewerbeflächen meist um ein Vielfaches übersteigen, und dies gilt als „normal". Hohe Leerstandquo-ten von Einzelhandelsflächen, mit denen heute zahlreiche Städte auch in ihren guten Innenstadtlagen zu kämpfen haben, werden aber vordergründig mit Kauf-kraftabflüssen, Konkurrenz „der grünen Wiese" oder als konjunkturzyklische Kaufkraftschwäche erklärt.

Dabei wird allzu leicht übersehen, dass der Konnex der Immobilienpreise zur Ertragsstärke der die Flächen nutzenden Unternehmen verloren gegangen ist. Zumindest ein Teil des Strukturwandels ist also nicht einem Geschmacks-,

Trend- und Kundenwandel zuzuschreiben, sondern einem Verdrängungswettbewerb auf dem Immobilienmarkt. Dieser Prozess hält solange an, wie spekulativ für den Immobilieneigentümer immer noch die Hoffnung besteht, zu gleichen oder höheren Preisen sein Objekt auf den Markt bringen zu können.

Strukturpolitik der Dienstleistungen an einem Standort ist nicht Sache der Immobilieneigner, und die kommunalen bzw. verbandsbezogenen Stabilisierungsbemühungen haben außer Argumenten kaum (finanzielle) Steuerungsinstrumente. Das ordnungspolitische Instrument von Satzungen ist auf wenige Ausnahmen (z. B. Spielhallen u. a. Entertainmentbetriebe) beschränkt. Aus der Not geboren versuchen Städte nun ein „Leerstandsmanagement" für innerstädtische Gewerbeflächen zu schaffen, was mehr eine kosmetische Operation (Dekoration leerer Schaufenster) denn eine reale Problemlösung darstellt.

Dem häufigsten Strukturpfad „Filialisierung > Spezialisierung > Standardisierung", dessen Folge der Verlust einer „Unverwechselbarkeit" einer Einzelhandelsstruktur (auch eine Form lokaler Identität) ist, folgt das „Trading down" zu Billigformen des Angebots und zur überwiegenden Orientierung an einem Kundensegment unter 40 Jahren.

2. Die Krise öffentlicher Haushalte und ihre Folgen

Spätestens seit Ende der Neunzigerjahre sind in Deutschland Kreise und Kommunen in eine desolate Finanzsituation geraten. Davon sind Dienstleistungen massiv betroffen, sodass bereits Ansätze einer Bedrohung zentralörtlicher Systeme zu spüren sind (vgl. für Großbritannien MARSHALL & WOOD, 1995, S. 184 f.). Diese als „Konsolidierung" bezeichnete rigide Rationalisierung von öffentlichen Dienstleistungseinrichtungen, die hier versucht wird (werden muss), wendet sich weit von jenen Vorstellungen der raumbezogenen Versorgungsreichweiten ab, die in den Siebziger- und Achtzigerjahren die Grundlagen überarbeiteter zentralörtlicher Systeme waren. Der den Rückzug aus der Fläche begründende Hinweis auf gestiegene Mobilität der Bevölkerung hat dabei mehr Alibicharakter, zumal nur ein Teil der Bevölkerung sich an der gestiegenen Mobilität beteiligen kann. Bezieht man ÖPNV-Systeme in diese Diskussion ein, zeigt sich die Doppelbödigkeit der Argumente, wenn seltenere Streckenbedienung (aus Kostengründen) auch noch unter „gestiegene Mobilität" einzuordnen versucht wird.

Es ist jedoch nicht nur die Erreichbarkeit von Dienstleistungseinrichtungen, sondern auch deren formale Dienstbereitschaft, die einem Wandel unterzogen wird. Der zentralörtliche „Ausstattungskatalog" wird ad absurdum geführt, wenn zwar Einrichtungen (u. a. Theater, Hallenbäder, Bibliotheken, Museen) vorhanden sind, ihre Benutzbarkeit aber wegen unzureichender Mittel eingeschränkt oder gar ganz eingestellt werden muss. Jenen kommunalen Trägern, denen die

Hauptaufgabe einer Steuerung von Dienstleistungsstrukturen zufällt, bleibt nur die Freiheit der Selektion, zu welchen Einschränkungen sie zuerst greifen sollen, und dies ist nicht selten keine Sachfrage, sondern ein brisantes kommunales Politikum.

3. Zerfall raumordnungsspezifischer Grundmuster

Zahlreiche raumordnungsspezifische Regulative basieren auf zentralörtlichen Überlegungen, Ausweisung entsprechender Orte und Hierarchiestufen (vgl. JUCHELKA, 2001, S. 64 f.). Die diesen Überlegungen zugrunde liegenden Raummuster gehen von bestimmten Zuordnungen im Verflechtungsbereich aus, insbesondere bei den Dienstleistungen des Handels und der öffentlichen Verwaltung. Letztere Beziehungen lassen sich administrieren, erstere nicht, im Gegenteil, sie stehen unter einem Wettbewerbsdruck von formal und distanziell denkbaren Mehrfachzuordnungen, sodass man heute von einem Wettbewerb zentraler Orte gleicher Stufe um ihre Versorgungskundschaft sprechen muss.

Auflösungserscheinungen der „Zentralen-Orte-Funktion" bahnen sich auch dort an, wo die Finanzdecke der Städte und Gemeinden so knapp geworden ist, dass diese schrittweise den Betrieb von Zentralörtlichkeit begründenden öffentlichen oder semiöffentlichen Einrichtungen einschränken (vgl. Abschnitt 2) oder gar ganz einstellen müssen (zum ökonomischen Hintergrund vgl. EICHHORN, 2001). Im Hintergrund betrifft dies auch die Wahrung oder Stärkung der Attraktivität eines Standortes, da z. B. Gestaltung, Pflege und Ausstattung einer City als Einkaufsmittelpunkt ebenfalls unter der Finanzknappheit der Kommunen leiden.

4. Offene Grenzen – ordnungspolitische Gefälle

Die Rigorosität, mit der in schwierigen Phasen in Marktprozesse (vermeintlich wohlwollend-schützend) eingegriffen wird, provoziert in spezifischen Raumsituationen eine „Beggar my neighbour"-Position potenzieller Investoren. Solche speziellen Situationen entstehen häufig an verwaltungsjuristischen Zuständigkeitsgrenzen, z. B. an Staatsgrenzen. Wenn, wie im östlichen Nordrhein-Westfalen geschehen, mit allen verfügbaren juristischen Instrumenten von Interessenträgern die Ansiedelungspläne für Factory-Outlet-Center zu Fall gebracht wurden, gleichzeitig aber wenige Kilometer jenseits der Grenze in den Niederlanden (Roermond) und in Belgien (Maasmechelen) solche FOC mit Erfolg (trotz grenzüberschreitender Absprachezusagen auf politischer Ebene) errichtet wurden, dann ist der wirtschaftsräumliche Effekt für den Einzelhandel im von Standorten „verschonten" westlichen Nordrhein-Westfalen der gleiche als wären die Standorte eben dort errichtet worden, die steuerlichen Einnahmeeffekte verbleiben jedoch jenseits der Grenzen. Auch an diesem regionalen Beispiel ist

gut zu erkennen, dass eine Überinstitutionalisierung von Kooperationsbemü-
hungen Lenkungsversuche eher schwächt als stärkt. Dieses ordnungspolitische
Gefälle wird sich erneut an der Westgrenze der neuen EU-Mitgliedsstaaten im
Grenzraum zu Österreich und Deutschland zeigen.

Lohn- und preisstrukturelle Gefälle in der 2004 erweiterten EU werden erheblich
in Dienstleistungsmärkte eingreifen. Einerseits betrifft dies den Arbeitsmarkt, wo
mit einer erneuten Welle des Grenzgänger-Pendlerwesens zu rechnen ist bzw.
wo Dienstleistungen in zunehmendem Maße im benachbarten Ausland erbracht
werden (z. B. Friseur, Kfz-Reparatur, zahnärztliche Dienstleistungen; Kurauf-
enthalte). Seit den Achtzigerjahren ist diese Entwicklung bereits im österreich-
ungarischen Grenzraum zu beobachten; solche Dienstleistungen werden sich
auch in Tschechien und Polen in grenznahen Gebieten rapide entwickeln. Die
Konkurrenzsituation kann bei teilweise hoher Arbeitslosigkeit in den Grenzge-
bieten einerseits und dem übersteigerten Preisbewusstsein der Konsumenten
andererseits für Dienstleistungsunternehmen ruinöse Tendenzen entwickeln –
vor allem wenn sie als Einzelunternehmen nur vom ökonomischen Überleben
an einem einzigen Standort abhängig sind.

5. Verhaltensspezifische Faktoren

Zahlreiche Dienstleistungsaspekte werden unverändert als Funktions-Standort-
systeme analysiert, bei deren Gewichtung die formale (infrastrukturelle) Angebotsseite bei der Standortwahl der Konsumenten eindeutig dominiert. Der Erreichbarkeit oder der visuellen, emotionalen Attraktivität werden dabei Schlüs-
selpositionen in der Standortwahl der Kunden eingeräumt. Formal ist die Logik
dieser Argumentation einsichtig, das Verhalten richtet sich dennoch offensichtlich nach bislang nur untergeordnet wahrgenommenen Entscheidungsmustern.

– *Schnäppchenmentalität und selektives Preisbewusstsein*

Zu den „neuen" Verhaltensgrundlagen zählt die „Schnäppchenmentalität", die
weit über frühere Schluss-, Aus- und Sonderverkäufe hinaus zu einem den
Zweck des eigentlichen Erwerbs einer Sache verdrängenden geradezu sportli-
chen Wettbewerb wurde. Ob Werbekampagne („Geiz ist geil") oder Schnäpp-
chenjagd bei ebay als Versteigerung im Internet, immer werden die bisherigen
Wege einer Servicesicherheit, Beratungstiefe oder Kosten-Nutzen-Überlegung
(des nicht-virtuellen Kaufverhaltens) teilweise verlassen (vgl. u. a. MALERI,
1997, S. 235 f.). Die Anwendungsbreite im Dienstleistungsbereich geht weit
über den Textilhandel oder Technikmärkte hinaus, umfasst heute Billigflüge
ebenso wie Gesundheitsdienstleistungen im Kur- und Wellnessbereich (siehe
auch Abschnitt 4, Grenzräume).

Die noch Mitte der Neunzigerjahre als Zwischennutzung eingestuften Billigmärkte in besten Innenstadtlagen haben sich längst als fester Bestandteil selbst in 1a-Lagen etabliert und werden zunehmend von asiatischen Ketten mit dem „1 Euro Preisangebot" überzogen, was eine Renaissance solcher Läden darstellt, die in den Achtzigerjahren in 1b-Lagen oder darunter entstanden waren.

– *Fachkommunikations-Sperre*

Gerade im Handel wird von seiten des Facheinzelhandels seit Jahren der Verfall einer Beratungskultur beklagt, der unweigerlich mit einer Filialisierung unter Wettbewerbsdruck stehender Filialisten sich abzeichnet, beispielsweise im Feld der Drogeriemärkte in Deutschland – wie Schlecker, dm, kd oder Rossmann –, wo der fachlich ausgebildete Drogist längst zu einer historischen Reminiszenz geworden ist. Dabei wird übersehen (vgl. den damaligen Sogeffekt in den Anfängen des SB-Handels), dass bei Beratung auf zwei Seiten eine Kompetenz der Fachkommunikation gegeben sein muss, die schon bei einem Kfz-Kauf an die Grenzen des Allgemeinverständnisses gelangt. Bei anderen Technologieentwicklungen vom Handy über DVD-Recorder bis zu digitalem Fernsehen tritt an die Stelle des Bemühens um eine beratungsgestützte Kundenbindung eher eine Sperre in der Fachkommunikation, was wiederum zu einer Begünstigung der beratungsärmeren, preisorientierten Großformen des Einzelhandels führt.

– *Der offene Preis – Versteigerung als Publikumssport online (ebay)*

Völlig die gewohnten Standortdimensionen haben die virtuellen Versteigerungen im Netz verlassen, allem voran das System von „ebay", dessen wirtschaftlicher Aufstieg jenseits aller Krisen der Online-Dienste und Internetwirtschaft ungebrochen ist – das Musterbeispiel von customer-to-customer Beziehung im E-Commerce. Der Begriff E-Commerce ist hier viel zutreffender als „e-shopping", weil ebay eine systematische Kundenpflege betreibt, die eine animierende Wirkung auf weitere Käufe und Verkäufe ausübt und damit längst die Grenzen virtueller Flohmärkte oder Nachlassversteigerungen überschritten hat.

Hier zeigt sich vielleicht besonders deutlich, dass die Steuerung von Veränderungen auf dem Dienstleistungsmarkt besonders prekär, wenn nicht gar wirkungslos, geworden ist. Nationale, regionale oder lokale Rechtsrahmen für Standorte sind zunehmend bedeutungslos, die Gefälle der Ladenöffnungszeiten (virtuell) überwunden, Preise und Tarife (u. a. auch im Telekommunikationsmarkt) national längst ausgehebelt. Lediglich die Möglichkeit zur (Nicht-)Anerkennung von im Ausland erbrachten (günstigeren) Dienstleistungen durch nationale Versicherungen oder Krankenkassen bildet noch eine gewisse – national gesteuerte – Hemmschwelle einer europäischen (z. T. globalen) Marktliberalisierung.

6. Juristische Rahmenbedingungen

Dienstleistungen sind von einer „freien" Marktwirtschaft in vielen Fällen weit entfernt, insbesondere sind hier die juristischen Spielregeln in einzelnen Ländern sehr unterschiedlich gestaltet. Die Ursachen haben vielfältige Wurzeln. Insbesondere Teile der öffentlichen Dienstleistungen stehen unter dem Druck der Personalkosten. Universitätsbibliotheken am Samstag/Sonntag oder bis spät abends offen zu halten, ist in Deutschland eine nicht vorstellbare und nicht bezahlbare Situation, während Sonn- und Feiertagsarbeit sowie Nachtschichten im Verkehrswesen oder in Gesundheits- und Pflegeberufen Normalität sind. Weshalb jedoch im Einzelhandel (zumindest in Shoppingcentern) in einem gewerkschaftsstarken Land wie Großbritannien sich niemand an Sonntagsöffnungszeiten stößt, dies jedoch in Deutschland und Österreich nur an Ausnahmetagen realisierbar ist, mag teilweise auch auf dem Widerstand der Kirchen beruhen, ist jedoch weniger durch eine fehlende Akzeptanz der Kunden erklärbar.

Nicht nur die reale, mit Standorten verbundene Dienstleistungswelt ist strikten Regulativen unterworfen, sondern auch die virtuelle des E-Commerce. Sie sind weniger zeitlicher, sondern juristischer Natur im Sinne von „mit welchen Verbindlichkeiten, mit welchen Sicherheiten und Garantien" Kaufverträge oder Dienstleistungskontrakte abgewickelt werden. Diese Rahmenbedingungen sind inzwischen schon Teil eines EU-Rechtsrahmens.

Welche zentrale Rolle Abweichungen von den juristischen Normen als Standortqualität für Dienstleister bieten, zeigen jene „Offshore-Standorte" auch in Europa (z. B. Kanalinseln, Isle of Man), die zwar staatspolitisch (außen- und verteidigungspolitisch) einem Mitgliedsland zugeordnet sind, aber sich in ihrer Eigenständigkeit innerhalb der EU als juristisch exterritoriale Gebiete darstellen (GRÄF, 2002b, S. 247 f.). Die enorme Bedeutung der Finanzdienstleistungen (Vermögensverwaltung, Kapitalverkehr; steuerrechtliche Firmensitze, Versicherungen, Captives-Eigenversicherungen) an den genannten Standorten (ohne dass hier vertrauensmäßig Einschränkungen vorliegen) unterstreicht die Rolle von steuer- und aufsichtsrechtlichen Sonderregelungen.

7. Technische Innovationen

Technische Innovationen haben die Dienstleistungsdarbietungen erheblich überformt. Keiner besonderen Erwähnung bedarf die Form der Selbstbedienung im Handel, im Bankenwesen (Geldausgabeautomaten), bei Tankstellen mit Kartenbezahlung, um nur einige Beispiele zu nennen. Alle diese Formen waren jedoch noch stets standortgebunden.

Die wirkliche „Revolution" entstand und erwächst mit der technischen Perfektionierung der Telekommunikation, sodass heute eine erhebliche Bandbreite von „Tele"-Dienstleistungen angeboten wird. Ob Handel (Shopping), Versteigerungen (ebay), Reisebuchung, Rechtsberatung, Gesundheitsberatung, kommunale Leistungen (e-Government) (GRÄF, 2001, S. 218 f.), es fällt inzwischen schwer, Dienstleistungsbereiche zu finden, die nicht vom Internet in Form von Web-Seiten, Portalen oder Auskunftsdatenbanken mitgeprägt sind. Dies gilt im übertragenen Sinne für globale Unternehmensnetzwerke (GRÄF, 2002a, S. 5 f.).

Die Lösung von Standort- und Zeitzwängen hat für einen Teil der Bevölkerung, der über einen leistungsfähigen Internetzugang verfügt, Vorteile gebracht (vgl. auch die Diskussion von Erreichbarkeiten in PRICE & BLAIR, 1989, S. 221 f.). Diese internetbasierten Dienste haben die Dienstleitungsanbieter zwar zu anderen (parallelen) Angebotsstrategien gezwungen, um im Wettbewerb zu bestehen, jedoch bislang noch zu keinen gravierenden Standortauswirkungen geführt. Für Bankfilialen und deren Verbreitung gilt diese Aussage mit Einschränkungen (LO & SCHAMP, 2001, S. 26 f.). Der aus den unterschiedlichsten Gründen von der Internetnutzung ausgeklammerte Teil der Bevölkerung ist jedoch nur vorübergehend schlechter gestellt, nämlich so lange keine adäquaten Dienstleister speziell zur „Vermittlung" der virtuellen Dienstleistung auf dem Markt erscheinen. Vergleichbar ist dies etwa mit Personen, die über keinen Führerschein bzw. Pkw verfügen und auf die Leistungen des öffentlichen Verkehrs bzw. des Taxis angewiesen sind. Sie sind von der Verkehrsteilnahme nicht ausgeschlossen, sie nehmen nur in anderer Weise, weniger flexibel und zu anderen Kosten, daran teil.

Das Jahr 2004 hat in Europa die Marktöffnung für mobile Formen des telekommunikativen Handelns gebracht. War schon das Handy ein inzwischen in mehr als 60% aller deutschen Haushalte verbreitetes Gerät, das inzwischen sich zu einem Multimediagerät gewandelt hat, so hat die leistungsfähige mobile Datenübertragung mit der Einführung von *GPRS* (2000) und *UMTS* (2004) einen weiteren Entwicklungssprung gemacht (BAIER & GRÄF, 2004, S. 134 f.). Drahtlose lokale Netzwerke (als Wi-Fi oder WLAN bezeichnet) waren im Einsatz von Laptops, PDAs, Blackberries eine erhebliche Mobilitätserleichterung. Außerhalb von Wohnungen oder Unternehmen war ihre begrenzte Reichweite aber nur geeignet, um an Bahnhöfen, Flughäfen, in Hotels oder Universitäten mit einer Reichweite von 300 m Netzzugänge zu schaffen. Inzwischen ist WiMAX zur Marktreife angelangt, mit dem es möglich sein wird, mobile Datenübertragung mit einer Reichweite von bis zu 50 km zu bieten. Die hieraus erwachsenden Dienstleistungen, u. a. „Location Based Services", lassen sich erst in Umrissen abschätzen, weil ihr Nutzen dem umworbenen Publikum (gebührenbezahlende Nutzer) noch nicht vermittelt werden kann.

Dienstleistungen aus dem Medienbereich (Massenkommunikation) werden durch die „Konvergenz der Medien" überformt. Dieser Fachterminus beschreibt das zunehmende Zusammenwachsen von Medien über unterschiedliche Kanäle: TV-Filme sind über das Internet zu laden, Rundfunk ist ebenfalls weltweit über das Internet zu empfangen, und die Druckausgaben der Tagespresse werden als vollständige Ausgabe (ePaper) digital im Internet angeboten (entsprechende Abonnements vorausgesetzt). Klassische Absatzräume (Technischer Empfang; Vertrieb von Printprodukten) werden ihrer bisherigen Räumlichkeit beraubt bzw. von diesen Fesseln befreit. Potenzial der Nutzung und ihre möglichen Folgen einerseits und aktuelle Realität andererseits klaffen aber weit auseinander. ,ePaper'-Ausgaben werden gerade bei regionalen Tageszeitungen viel weniger „global" als unverändert regional nachgefragt, wobei der individuelle Mehrwert der Dienstleistung sich eher aus zeitlich-räumlichen Vorteilen wie Verfügbarkeit am Arbeitsplatz oder aus digitalen Archivierungsmöglichkeiten ergibt.

Bei den Dienstleistungen der Medien gelten die im 6. Abschnitt ausführten juristischen Rahmenbedingungen in inverser Form. Die auf nationalem (bzw. föderalem) Recht beruhenden Regulationen sind durch die technologischen Entwicklungen ausgehebelt worden. Satellitenbasierter Empfang von Fernseh- und Hörfunksendungen lässt sich weder inhaltlich noch gebührentechnisch kanalisieren, in ähnlicher Weise gilt das für Zugänge zu Medienprodukten über das Internet. Dennoch: Der Emanzipation vom Nationalen hin zum (technisch realisierbaren) Globalen sind für ein breites Rezipientenpublikum doch Grenzen gesetzt, die wesentlich auf drei Faktoren beruhen:

- begrenztes Maß an individuellen Interessen
- Sprachenkompetenz
- begrenzte Ausgabenbereitschaft für Dienstleistungen in diesem Sektor.

Schluss

Die Steuerung von Dienstleistungsangeboten bzw. deren Nachfrage erfolgt zumindest in den konsumorientierten Leistungen kaum noch wirksam durch administrativ-planungsbezogene Maßnahmen, sondern in erster Linie durch massive Beeinflussung der Entscheidungsprozesse von Konsumenten in ihrem Verhaltenshintergrund. Trend, Lifestyle, „in-Sein" wird durch mediengestützte Werbung kardinal gesteuert. Der von der Angebotsseite der Dienstleister gesteuerte Prozess führt über hierdurch induzierte Verhaltensänderungen und -anpassungen zu einem vermeintlich nachfrageorientierten Strukturwandel. Er ist ökonomisch begründbar, wirtschaftsgeographisch aber insofern ernüchternd, weil er zu erkennen gibt, welche Fesseln oder latenten Wirkungslosigkeiten den strukturellen Steuerungsversuchen von Dienstleistungen, ihrer Vielfalt und ihren spezifischen Standorten der Darbietung inzwischen auferlegt sind. Eine wissenschaftliche Aktualisierung einer Wirtschaftsgeographie der Dienstleistungen darf sich nicht nur der Analyse und Dokumentation klassischer Elemente wie Standorte, räumliche Verflechtungen oder Einzugsbereiche widmen, sondern muss

sich auch einer den Eigengesetzlichkeiten der Marktstrategien, einer den öffent-
lich-wirtschaftlichen (kommunalen) Handlungsstrategien und einer der technologischen Emanzipation (GRÄF, 2003, S. 3 f.) von Standortbindungen hin zu
virtuellen Welten entsprechenden Betrachtungsweise öffnen. Ob Dienstleistungen die „Große Hoffnung" auf den Arbeitsmärkten sein werden, bleibt offen,
eine der wichtigsten Triebfedern der wirtschaftlichen Entwicklung werden sie mit
bislang nicht widerlegbarer Wahrscheinlichkeit bleiben.

Quellen

BAIER, K.; GRÄF, P. (2004): Standorte der Telekommunikationsunternehmen. In:
    HAAS, H.-D.; HESS, M.; KLOHN, W.; WINDHORST, H.-W. (Mit-Hrsg.): Natio-
    nalatlas Deutschland Bd. 8: Unternehmen und Märkte. München, S. 134-135

CORSTEN, H.; SCHNEIDER, H. (Hrsg.) (1999): Wettbewerbsfaktor Dienstleistung.
    München

EICHHORN, P. (2001): Öffentliche Dienstleistungen. Baden-Baden

GMILKOWSKY, P. (1999): Informationstechnologien – Interne Dienstleistungen für die
    Produktion. In: CORSTEN, H.; SCHNEIDER, H. (Hrsg.): Wettbewerbsfaktor
    Dienstleistung. München, S. 341-359

GRÄF, P. (2001): Informations- und Kommunikationstechnologien in der Stadt. In: Be-
    richte zur deutschen Landeskunde, Heft 2-3, 2001, S. 218-227

GRÄF, P. (2002a): Telekommunikative Unternehmensnetzwerke und Globalisierung.
    Beispiele aus multinationalen Unternehmen in Deutschland. In: Gräf, P.; Rauh,
    J.: Networks and Flows. Telekommunikation zwischen Raumstruktur, Verflech-
    tung und Informationsgesellschaft. Band 3 „Geographie der Kommunikation",
    Münster, Hamburg, S. 5-20

GRÄF, P. (2002b): Offshore-Standorte – Finanzdienstleistungen und Strukturwandel in
    Jersey und Guernsey. In: JUCHELKA, R.; KOCH, A. (Hrsg.): Forschungen aus
    dem Geographischen Institut der RWTH Aachen, Aachener Geographische Ar-
    beiten, Heft 36, S. 247-267

GRÄF, P. (2003): Dienstleistungen – Schlüsselfunktion(en) der Wirtschaft und Triebfe-
    der der Arbeitsmärkte. In: Geographie und Schule, Heft 142, S. 3-9

HAAS, H.-D.; HESS, M.; KLOHN, W.; WINDHORST, H.-W. (Mit-Hrsg., 2004): National-
    atlas Deutschland Bd. 8: Unternehmen und Märkte. München

JUCHELKA, R. (2001): Zentral – Zentrum – Zentrierung. Eine theoretisch-termino-
    logische Diskussion zu traditionellen Begriffen der Geographie, ihren aktuellen
    Adaptionen und planungspraktischen Anwendungen. In: Geographischer Jah-
    resbericht aus Österreich (Hrsg: Wohlschlägl, H.), LVIII. Band, Wien 2001, S.
    67-81

KULKE, E. (1995): Tendenzen des strukturellen und räumlichen Wandels im Dienst-
    leistungssektor. In: Praxis Geographie, Heft 12, S. 4-11

LO, V.; SCHAMP, E. (2001): Finanzplätze auf globalen Märkten – das Beispiel Frank-
    furt / M. In: Geographische Rundschau, 53. Jg., Heft 7-8, S. 26-31

MALERI, R. (1997): Grundlagen der Dienstleistungsproduktion. Heidelberg u. a.

MARSHALL, N.; WOOD, P. (1995): Services & Space. Key aspects of urban and regional Development. Harlow

PRICE, D.G.; BLAIR, A.M. (1989): The Changing Geography of the Service Sector. London und New York

SEDLACEK, P. (2003): Dienstleistungen in Deutschland – Hoffnung oder Enttäuschung des 21. Jahrhunderts? In: Geographie und Schule, Heft 141, S. 12-18

STAUDACHER, Ch. (1991): Dienstleistungen, Raumstruktur und räumliche Prozesse. Eine Einführung in die Dienstleistungsgeographie. Wien

STAUDACHER, Ch. (1992): Wirtschaftsdienste. Zur räumlichen Organisation der intermediären Dienstleistungsproduktion und ihrer Bedeutung im Zentren-Regions-System. Wiener Geographische Schriften, Band 62/63, Wien

STRAMBACH, S. (2004): Wissensintensive unternehmensorientierte Dienstleistungen. In: HAAS, H.-D.; HESS, M.; KLOHN, W.; WINDHORST, H.-W. (Mit-Hrsg.): Nationalatlas Deutschland Bd. 8: Unternehmen und Märkte. München, S. 50-53

Wirtschaftsgeographische Studien (Wien) **30/31**, 2005

Beeinflusst der Zielmarkt die Form und den Verlauf von Internationalisierung?

Ergebnisse einer Befragung österreichischer Industrieunternehmen

Albert HOFMAYER (Wien)

Der Autor untersucht das Internationalisierungsverhalten österreichischer Industrie-unternehmen auf Basis einer Ende 2003 durchgeführten Stichprobenerhebung (43 Respondenten, ca. 120 dokumentierte Markteintritte). Im Rahmen deskriptiver Analy-sen wird u.a. festgestellt, dass die österreichischen Firmen auf den Auslandsmärkten zunehmend nicht primär über Exporte, sondern mit anderen Formen – Kooperationen, Auslandsproduktion, FDI – auftreten: eine empirische Klassifizierung ergibt insgesamt 22 Typen von Markteintritten je nach Maßnahmen-Mix und zeitlicher Abfolge. Dabei bestehen Unterschiede zwischen westeuropäischen, zentraleuropäischen und Über-see-Zielmärkten, die als statistisch signifikant nachgewiesen werden. Diese Befunde stellen das traditionelle Phasenmodell der Internationalisierung in Frage, stehen aber im Einklang mit der eklektischen Theorie von Dunning.

Are foreign market entries country-specific?
Empirical findings from a survey of
Austrian manufacturing companies

The author investigates the internationalisation behaviour of Austrian manufacturing companies, using data from a survey conducted in late 2003 (43 respondents reporting approx. 120 market entries). The empirical findings include an increasing tendency to enter new markets not primarily via exports but through other instruments – co-operations, foreign production, and FDIs. A classification yields 22 different types of market entries differing in mix and chronology of measures applied. The differences in market entry types between Western European, Central European and overseas coun-tries prove to be statistically significant. – These findings apparently question the tradi-tional "multi-stage model" of internationalisation but are consistent with Dunning's eclectic theory.

Vorbemerkung

In der von Ch. Staudacher geleiteten Abteilung für Angewandte Regional- und Wirtschaftsgeographie [A^{R}WI] an der Wirtschaftsuniversität Wien [WU] wird seit Jahren ein unternehmensgeographischer Ansatz verfolgt. Als vor kurzem das neue Wahlfach „Wirtschaftsgeographie des Weltwirtschaftsraumes", das sich besonders an Studierende des Studienzweigs Internationale Betriebswirtschaft richtet, an der A^{R}WI eingerichtet wurde, lag es daher nahe, diesen Ansatz auch auf das Phänomen der Internationalisierung anzuwenden.
Der vorliegende Beitrag dient somit der weiteren Erprobung des unternehmensgeographischen Ansatzes, der in der deutschsprachigen Wirtschaftsgeographie wohl am prononciertesten durch Christian Staudacher vertreten wird.

1. Einleitung

Das wichtige Phänomen der Internationalisierung wird in der Wirtschaftsgeographie bis in jüngste Zeit vorwiegend auf der räumlichen Makro-Ebene untersucht: Im Mittelpunkt der Analyse stehen zumeist die Entwicklung der Export-/Importströme sowie der grenzüberschreitenden Direktinvestitionen (‚FDI', bzw. auf Deutsch: ADI) für ganze Volks- oder Regionalwirtschaften. Tiefere Einsichten in das Phänomen und den Ablauf der Internationalisierungsprozesse sind mit solchen aggregierten Daten, wie leicht einzusehen ist, nicht erzielbar.

Denn Internationalisierung ist ein Phänomen, das primär auf Unternehmensebene auftritt und daher auch dort untersucht werden sollte. Sie erscheint in einer globalisierten Wirtschaft von Tag zu Tag mehr als ein „Muss" für Unternehmen. Vom Trend zur Internationalisierung werden zunehmend auch kleinere Unternehmen erfasst, wie u. a. in einer aktuellen EU-weiten Untersuchung festgestellt wurde (vgl. ENTERPRISE PUBLICATION, 2003/4).

Im Rahmen eines Vertiefungskurses aus „Wirtschaftsgeographie des Weltwirtschaftsraumes" wurde mit Studierenden der WU Wien unter Leitung des Autors in Zusammenarbeit mit Klaus Arnold eine Befragung österreichischer Industrieunternehmen über ihr Internationalisierungsverhalten durchgeführt. Im Zentrum der Erhebung standen folgende Sachverhalte:

- Existenz von grenzüberschreitenden Liefer- und Absatzbeziehungen
- Bedeutung von Importen und Exporten im Rahmen der Unternehmenstätigkeit
- Länderstruktur der Exporte und Importe
- Beginn des Markteintritts bzw. Dauer der Präsenz auf den einzelnen Auslandsmärkten
- Konfiguration der grenzüberschreitenden Aktivitäten (Exporte / Kooperationen / Zweigbetriebe / Kapitalbeteiligungen) [1].

---

[1]) Die Begriffe „grenzüberschreitend" und „international" werden in diesem Beitrag synonym verwendet.

Der Beitrag gliedert sich nach der vorliegenden Einleitung wie folgt:

In Kapitel 2 wird der konzeptionelle und theoretische Rahmen für die Untersuchung der Internationalisierung von Unternehmen abgesteckt. Zur Deskription der Maßnahmen wird eine Variante der von der Betriebswirtschaft entwickelten Phasenmodelle, die eine Abfolge der einzelnen Internationalisierungsformen im Zeitablauf annehmen, herangezogen. Zur Erklärung der Tatsache, dass unterschiedliche Bearbeitungsformen für einzelne Auslandsmärkte angewendet werden, wird auf das Modell von Dunning Bezug genommen und seine Anwendbarkeit für vorliegende Untersuchung erörtert. Daraus ergibt sich eine Eingrenzung der Fragestellung.

Die Datenbasis, die außer österreichischen Unternehmen auch zwei Vergleichsgruppen ausländischer Unternehmen umfasst, wird in Kapitel 3 beschrieben. Auch die Repräsentativität der Stichprobe wird untersucht.

Deskriptive Ergebnisse der Befragung werden in Kapitel 4 dargestellt, unter Bezugnahme auf vergleichbare Ergebnisse österreichischer und EU-weiter Untersuchungen: (1) einfache Maßzahlen des Internationalisierungsgrads; (2) Gesamtkonfiguration der Internationalisierung im Unternehmen; (3) Formen und Verlaufstypen der Markteintritte auf Auslandsmärkten; (4) Raummuster der Auslandsmarktpräsenzen.

Als Hauptfrage der Untersuchung wird in Kapitel 5 analysiert, in welchen Zielmärkten welche Internationalisierungsabläufe bzw. -muster auftreten. Die festgestellten Unterschiede werden auf statistische Signifikanz überprüft.

Kapitel 6 fasst die wichtigsten Ergebnisse zusammen.

2. Modelle der Internationalisierung von Unternehmen

In der Betriebswirtschaft wird die Internationalisierung zumeist im übergreifenden Rahmen des internationalen Marketing untersucht [2]. Ein vollständiges Modell aller Rahmenbedingungen von Internationalisierung sollte etwa folgende Sachverhalte bzw. Maßnahmen umfassen:

1. Motive und Ziele der internationalen Geschäftstätigkeit

2. Auslandsmarktforschung

3. Markteintrittsentscheidungen, wobei zu differenzieren ist in
   a) Wahl der Markteintrittsstrategie(n)
   b) Marktselektion: Wahl eines oder mehrerer Länder, gegebenenfalls auch Marktsegmentierung in ausgewählten Ländern
   c) Wahl der Markteintrittsvariante(n);

---

[2]) Dieser Abschnitt basiert im Wesentlichen auf SPRINGER (2005).

4. internationale Produktpolitik

5. internationales Distributionsmanagement

6. internationale Marktkommunikation

7. internationale Kontrahierungspolitik (Vertrags- und Preisgestaltung).

Aus diesem Gesamtbereich werden im vorliegenden Beitrag nur die Markteintrittsentscheidungen (Punkt 3) untersucht.

2.1. Maßzahlen und Kennziffern der Internationalisierung

Der Internationalisierungsgrad von Unternehmen kann anhand von Bestandsgrößen und/oder Bewegungsgrößen gemessen werden. In der einschlägigen betriebswirtschaftlichen Literatur werden folgende einfache Kennziffern verwendet (vgl. MACHARZINA / WELGE 1989, Sp. 965):

- Exportquote: Anteil des Exports am Gesamtumsatz des Unternehmens;
- Auslandsumsatzquote: Anteil des Auslandsumsatzes am Gesamtumsatz des Unternehmens;
- Auslandsmitarbeiterquote: Anteil der im Ausland beschäftigten Mitarbeiter an allen Beschäftigten des Unternehmens;
- Auslandsproduktionsquote: Anteil der Auslandsproduktion an der Gesamtproduktion des Unternehmens;
- Auslandsinvestitionsquote: Anteil des im Ausland investierten Kapitals am investierten Gesamtkapital des Unternehmens.

Alle diese Kennziffern lassen sich sowohl statisch (für einen Zeitpunkt) als auch dynamisch (Entwicklung in mehrjährigem Zeitraum) berechnen.

Darüber hinaus wurden zahlreiche komplexere Maßzahlen entwickelt: vgl. hierzu etwa UNCTAD 2002 und UNCTAD 2004.

2.2. Deskriptive Modelle der Internationalisierung

Zur Beschreibung der Internationalisierung von Unternehmen wurden zahlreiche Modelle entwickelt, die in der Regel verschiedene Phasen oder Stufen des Internationalisierungsprozesses unterscheiden. Die zwei wohl bekanntesten Modelle dieser Art sind das E.P.R.G.-Schema nach PERLMUTTER und das Phasenmodell nach BEREKOVEN.

Im so genannten E.P.R.G.-Schema (Tab. 1) werden die Internationalisierungs-Phasen in Abhängigkeit von der Orientierung des Unternehmens auf nur einen Ländermarkt oder auf mehrere Zielmärkte definiert. Als Abgrenzungskriterium der vier Phasen dient die Anzahl bzw. die geographische Verteilung der Zielmärkte.

Tab. 1: Das E.P.R.G.-Schema der Internationalisierung

Phase (Nr. 1 – 4)	Management-orientierung	Unternehmens-orientierung	Marketing-konzept
Ethnozentrische Phase	Ethnozentrische Strategie	Inlandsmarkt-orientierung	Exportmarketing
Polyzentrische Phase	Polyzentrische Strategie	Zielland-orientierung	Internationales Marketing
Regiozentrische Phase	Regiozentrische Strategie	Regionale Orientierung auf mehrere Zielmärkte	Multinationales Marketing
Geozentrische Phase	Geozentrische Strategie	Weltmarkt-orientierung	Transnationales Marketing

Quelle: WIND/DOUGLAS/PERLMUTTER (1973); zitiert nach SPRINGER (2005), S. 6.

Dieses Modell ist sehr einfach und enthält über die reine Deskription hinaus nur die Aussage, dass das Marketingkonzept an das Länderspektrum der angestrebten bzw. bearbeiteten Zielmärkte angepasst werden sollte.

Ein detaillierteres Phasenmodell wurde von BEREKOVEN (1978) vorgestellt. Er postuliert eine kontinuierliche Abfolge von Phasen oder Stufen des Auslandsengagements (Tab. 2):

Tab. 2: Phasenmodell der Internationalisierung nach BEREKOVEN

Phase	Bezeichnung
1	Direkter Export an Endabnehmer
2	Direkter Export an Wiederverkäufer
3	Export über Handelsvertreter
4	Export über Importeure
5	Abgabe von Lizenzen
6	Franchising
7	Kooperation
8	Management-Vertrag
9	Eigene Vertriebsgesellschaft im Ausland
10	Joint Venture
11	Eigene Produktions- und Vertriebsgesellschaft im Ausland

Quelle: BEREKOVEN (1978), S. 8; zitiert nach SPRINGER (2005), S. 6.

Eine wesentliche Aussage dieses Modells ist, dass mit jeder späteren Phase oder „höheren Stufe" der Internationalisierung sowohl die Risiken und Chancen als auch die Kosten für das Unternehmen ansteigen.

Dieses deskriptive Modell impliziert allerdings – wie alle Phasenmodelle – einen bestimmten Ansatz zur Erklärung von Internationalisierung: es wird unterstellt, dass diese schrittweise vor sich geht. Der stufenweise Ablauf kann als eine Erfahrungs- und Lernkurve des Unternehmers interpretiert werden, wobei höhere Internationalisierungsstufen (z. B. Auslandsproduktion) Erfahrungen auf vorgelagerten Stufen (z. B. Export) voraussetzen.

Als konzeptionelle Basis für die spätere Beschreibung des Internationalisierungsverhaltens der befragten Industrieunternehmen wird ein „modifiziertes Berekoven-Modell" nach SPRINGER gewählt (vgl. Abb. 1):

Abb. 1: Formen der Internationalisierung – deskriptives Schema

Form Markt	(1) Export	(2) Lizenz- vergabe	(3) Franchi- sing	(4) Verkaufs- Joint Venture	(5) Verkaufs- Tochter	(6) Produktions- Joint Venture	(7) Produktions- Tochter
A							
B							
C							
D							

Quelle: SPRINGER (2005), S. 5; geringfügig modifiziert.

2.3. *Erklärungsmodelle für bestimmte Formen der Internationalisierung*

Es geht hier nicht darum, Erklärungsmodelle für Internationalisierung als solche zu präsentieren; das würde den Rahmen dieses Beitrags bei weitem sprengen. Ein informativer Kurz-Überblick über Motive und theoretische Erklärungsansätze der Internationalisierung findet sich in SPRINGER (2005, S. 7 – 11).

Im vorliegenden Fall geht es um Modelle, die erklären, warum Unternehmen eine bestimmte Form der Internationalisierung (oder mehrere) wählen. Schränkt man die Suche nach Modellen auf solche ein, die gleichzeitig auch die Verhältnisse in einzelnen Auslandsmärkten berücksichtigen, so existiert laut SPRINGER (2005) als bekanntestes Modell jenes von J. H. DUNNING, das von diesem als „eklektische Theorie der internationalen Produktion" bezeichnet wurde.

Das Modell von DUNNING erklärt für ein Unternehmen die Entscheidung zwischen den Grundformen der Marktbearbeitung für einen bestimmten Auslandsmarkt aus dem Vorliegen oder Nichtvorliegen bestimmter „Vorteile" (Tab. 3):

Tab. 3: Eklektische Theorie von DUNNING – vereinfachtes Schema

Explanandum	*Explanans*	Vorteile		
		a) Eigentums-vorteile	b) Internalisie-rungsvorteile	c) Standort-vorteile
Auslandsmarkt-bearbeitungs-strategie	Direkt-investitionen	vorhanden	vorhanden	vorhanden
	Exporte	vorhanden	vorhanden	nicht vorhanden
	internationale Verträge	vorhanden	nicht vorhanden	nicht vorhanden

Quelle: DUNNING (1980); zitiert nach SPRINGER (2005), S. 11; ergänzt

Nach DUNNING kann ein Unternehmen durch Internationalisierung prinzipiell drei Arten von Vorteilen lukrieren: (a) eigentumsbedingte Wettbewerbsvorteile ('ownership-specific advantages'), (b) Internalisierungsvorteile ('internalization-incentive advantages') und (c) Standortvorteile der Ländermärkte ('location-specific advantages').

Nur wenn alle drei Arten von Vorteilen vorliegen, sollte ein Unternehmen direkt im Ausland investieren. Wenn im betreffenden Land nur die Ausnutzung von Vorteilen des Typs a) und b) möglich ist, sollte das Unternehmen besser Exporte dorthin durchführen. Liegen lediglich eigentumsbedingte Vorteile vor, sollte für den Markteintritt Leistungserstellung im Ausland ohne Kapitalbeteiligung (z. B. Lizenzvergabe) gewählt werden (vgl. SPRINGER 2005, S. 11).

Im Rahmen dieses Erklärungsmodells setzt die Auswahl der Marktbearbei-tungsstrategie – und ebenso deren ex-post-Beurteilung – spezifische Analysen jedes Zielmarkts voraus. Denn nur durch eine Untersuchung nicht bloß der all-gemein-wirtschaftlichen Situation eines Landes, sondern auch der landesspezi-fischen Verbrauchs- und Konkurrenzsituation für das jeweilige Produkt ist eine Bestimmung der DUNNING'schen „Vorteile" möglich. Dies erfordert einen großen empirischen Aufwand (u. a. Auslandsmarktforschung), der weit über eine ad-hoc-Befragung von Unternehmen hinausgeht.

Da für die vorliegende Untersuchung eine Primärerhebung durch Studierende im Rahmen einer Lehrveranstaltung vorgegeben war, konnte eine Erfassung der eben genannten Sachverhalte nicht durchgeführt werden. Deshalb muss auch in diesem Beitrag eine Erklärung des Internationalisierungsverhaltens aus unternehmens-, produkt- und landesspezifischen Sachverhalten („Vorteilen") leider unterbleiben. Die Hauptfrage der Untersuchung beschränkt sich somit auf die folgende, eher explorative Fragestellung:

> Gibt es einen Einfluss des Zielmarkts auf Form und Verlauf der Internationalisierung von Industrieunternehmen?

3. Die Datenbasis der Untersuchung

Die Befragung der Unternehmen wurde im Wintersemester 2003/04 (Zeitraum 2. 11. bis 9. 12. 2003) durchgeführt. Zunächst wird auf Erhebungsmethode und -instrument eingegangen, dann auf die Struktur der Stichprobe; zuletzt wird diese auf Repräsentativität überprüft.

3.1. Erhebungsmethode und Erhebungsinstrument

Die Erhebung wurde als schriftliche Befragung mit standardisiertem Fragebogen (Länge: drei A4-Seiten) konzipiert. Die meisten Items waren geschlossene Fragen, nur bei einigen Einschätzungen wurden offene Fragen gestellt.
Der Aufbau des Fragebogens war wie folgt:

A) Fragen zu Importen und Exporten *(12 Fragen):*

- aktueller Import- und Exportanteil; deren Entwicklung 2000 – 2003;
- Innerbetriebliche Organisation der Importe und Exporte;
- Länderstruktur der Exporte und Importe (jeweils die 3 wichtigsten Märkte);
- Organisation der Exporte, nach Haupt-Exportmärkten;
  Erfahrungen damit;
- Neue / beabsichtigte Exportmärkte.

B) Fragen zur Tätigkeit auf den einzelnen Auslandsmärkten *(23 Fragen):*

- Beginn des Markteintritts bzw. Dauer der Präsenz auf den einzelnen Auslandsmärkten;
- Bestehen Kooperationen im Ausland? Wo? Seit wann? Welche Arten? Erfahrungen damit;
- Bestehen Zweigbetriebe im Ausland? Wo? Seit wann? Welche Arten? Erfahrungen damit;
- Bestehen Kapitalbeteiligungen im Ausland? Wo? Seit wann? Welche Arten? Erfahrungen damit;
- Gründe für neue Exportmärkte / Kooperationen / Zweigbetriebe / Kapitalbeteiligungen;
- Gab es Rückzug aus einem Auslandsmarkt? Aus welchem Land? Gründe dafür?

Weiters wurden Fragen zum interkulturellen Management gestellt (im Teil C); diese werden aber in diesem Beitrag nicht ausgewertet.

An Strukturvariablen der Unternehmen wurden Gründungsjahr, Unternehmenssitz, Betriebsstättenzahl, Gesamtbeschäftigte, Branche / Produkte sowie Umsatz erfasst.

3.2. Struktur der Stichprobe

Nach Überprüfung auf Branchenzugehörigkeit zur Sachgüterproduktion umfasst die auswertbare Stichprobe 64 Unternehmen. Davon haben 43 ihren Hauptsitz in Österreich; sie bilden die eigentliche Untersuchungsmenge. – Weitere 21 Unternehmen haben ihren Hauptsitz im Ausland (11 in Deutschland, 9 in der Slowakei, 1 in der Tschechischen Republik); sie bilden die Vergleichsgruppe.

Wie die ganzseitige Übersichtstabelle (Tab. 4) zeigt, lässt sich die Struktur der befragten österreichischen Industrieunternehmen wie folgt kennzeichnen:

a) Unternehmensalter: Rund ein Sechstel wurden bereits vor 1919 gegründet, knapp ein Siebentel in der Zwischenkriegszeit. Die übrigen 70 % wurden nach dem Zweiten Weltkrieg gegründet, mit etwa gleich großen Anteilen in den drei Perioden 1946 – 1973 (Wiederaufbauphase bis 1. Ölpreisschock), 1974 – 1989 (danach bis zum Fall des Eisernen Vorhangs) und 1990 – 2003.

b) Unternehmenssitz: Die befragten österreichischen Unternehmen sind über das gesamte Bundesgebiet verstreut, mit Ausnahme des Burgenlands und Ti- rols sind alle Bundesländer vertreten (die Angaben in Tab. 4.b beziehen sich auf Postleitzahl-Zonen). Der eindeutige Verbreitungsschwerpunkt liegt aller- dings in Wien und im östlichen Niederösterreich mit zusammen 63 %.

c) Zahl der Betriebsstätten: Von den befragten österreichischen Unternehmen haben 5 diese Frage nicht beantwortet. Unter den antwortenden sind 37 % Ein- betriebsunternehmen [EBU] und 63 % Mehrbetriebsunternehmen [MBU], wobei die Zahl der weiteren Betriebsstätten der MBU zumeist zwischen 1 und 25 liegt; eines der befragten Unternehmen besitzt insgesamt 245 weitere Betriebsstätten (Fa. Wienerberger, weltweit tätig).
Auf die Inland-/Ausland-Verteilung der Betriebsstätten wird im Rahmen der Analyse des Internationalisierungsverhaltens eingegangen (s. unten, Abschnitte 4 und 5).

d) Gesamtbeschäftigte: Die Beschäftigtenzahlen der Unternehmen werden nach den Größenstufen der einschlägigen EU-Statistiken klassifiziert. Von den befragten österreichischen Unternehmen haben genau zwei Drittel weniger als 250 Mitarbeiter, sie zählen also im Sinne der EU-Statistik zur Kategorie der Klein- und Mittelunternehmen [KMU bzw. englisch: SMEs].

e) Branche / Produkte: Die 43 österreichischen Unternehmen repräsentieren eine große Bandbreite der Sachgüterproduktion: Von den 23 Branchengruppen der eigentlichen Sachgütererzeugung (Abteilungen 15 bis 37 der ÖNACE-Sys- tematik) sind nicht weniger als 16 in der Stichprobe vertreten, dazu noch Unter- nehmen des Bergbaus und des Bauwesens.
Entsprechend vielfältig ist die Palette der von den österreichischen Unterneh- men erzeugten Produkte: von Torf und Blumenerde über Chemikalien und Bä- ckereimaschinen bis zu Fertigteilhäusern, Schweißrobotern und Notebooks.

f) Umsatz: Erfreulich viele der befragten österreichischen Industrieunterneh- men (39 von 43) haben auch ihren Umsatz bekannt gegeben. Die Spannweite der genannten Jahresumsätze ist sehr groß, von etwa 100.000 bis zu einem Maximalwert von mehr als 1 Milliarde Euro.

a) Gründungszeitraum

	Österreich		Land (Hauptsitz) Deutschland		Slowakei, CZ	
	Anzahl	%	Anzahl	%	Anzahl	%
vor 1919	7	16,3	7	63,6		
1919 - 1945	6	14,0	1	9,1		
1946 - 1973	9	20,9	2	18,2		
1974 - 1989	11	25,6			1	10,0
1990 - 1999	7	16,3	1	9,1	6	60,0
2000 - 2003	3	7,0			3	30,0
Gesamt	43	100,0	11	100,0	10	100,0

b) Standort des Unternehmenssitzes in Österreich (PLZ-Zone)

	Anzahl	Prozent	Kumulierte Prozente
1 Wien	14	32,6	32,6
2 östl. Niederösterreich	13	30,2	62,8
3 westl. Niederösterreich	4	9,3	72,1
4 Oberösterreich	6	14,0	86,0
5 Salzburg	2	4,7	90,7
6 Tirol, Vorarlberg	1	2,3	93,0
8 Steiermark	1	2,3	95,3
9 Kärnten, Osttirol	2	4,7	100,0
Gesamt (nur österr. Untern.)	43	100,0	

c) Anzahl Betriebsstandorte außer Unternehmenszentrale insgesamt

	Österreich		Land (Hauptsitz) Deutschland		Slowakei, CZ	
	Anzahl	%	Anzahl	%	Anzahl	%
0	14	36,8	5	50,0	9	100,0
1	5	13,2				
2	6	15,8				
4	2	5,3				
5			1	10,0		
6	2	5,3				
7	1	2,6				
10	2	5,3	1	10,0		
11	1	2,6				
12	1	2,6	1	10,0		
13	1	2,6				
15 - 16	1	2,6	1	10,0		
21 - 25	2	5,3				
70			1	10,0		
245	1	2,6				
Gesamt	38	100,0	10	100,0	9	100,0

d) Beschäftigte im Unternehmen insgesamt

	Österreich		Land (Hauptsitz) Deutschland		Slowakei, CZ	
	Anzahl	%	Anzahl	%	Anzahl	%
1 - 9 Beschäftigte	4	9,5	1	9,1		
10 - 19 Beschäftigte	6	14,3				
20 - 49 Beschäftigte	8	19,0			2	22,2
50 - 249 Beschäftigte	10	23,8	3	27,3	6	66,7
250+ Beschäftigte	14	33,3	7	63,6	1	11,1
Gesamt	42	100,0	11	100,0	9	100,0

e) Branche (ÖNACE-Abteilung)

	Anzahl	%
10 Kohlenbergbau, Torfgewinnung	1	2,3
14 Gewinnung v. Steinen u. Erden, sonst. Bergbau	1	2,3
15 H. v. Nahrungs-u.Genussmitteln u. Getränken	6	14,0
17 H. v. Textilien u.Textilwaren (ohne Bekleidung)	1	2,3
20 Be- u. Verarbeitung v. Holz (ohne H. v. Möbeln)	2	4,7
21 H. u. Verarbeitung v. Papier und Pappe	1	2,3
22 Verlagswesen, Druckerei, Vervielfältigung	2	4,7
24 H. v. Chemikalien u. chem. Erzeugnissen	4	9,3
25 H. v. Gummi- und Kunststoffwaren	6	14,0
26 H. u. Bearb. v. Glas, H. v. Waren a.Steinen u.Erden	2	4,7
27 Metallerzeugung und -bearbeitung	1	2,3
28 H. v. Metallerzeugnissen	2	4,7
29 Maschinenbau	4	9,3
30 H. v. Büromaschinen, Datenverarbeitungsgeräten	1	2,3
31 H. v. Geräten d.Elektrizitätserzeugung, -verteilung	1	2,3
34 H. v. Kraftwagen und Kraftwagenteilen	1	2,3
35 Sonstiger Fahrzeugbau	1	2,3
36 H. v. sonstigen Erzeugnissen	2	4,7
45 Bauwesen	4	9,3
Gesamt (nur österr. Unternehmen)	43	100,0

f) Umsatzgrößenklasse des Unternehmens

	Österreich		Land (Hauptsitz) Deutschland		Slowakei, CZ	
	Anzahl	%	Anzahl	%	Anzahl	%
keine Angabe	4	9,3	3	27,3	2	20,0
unter 1 Mio Euro	4	9,3	2	18,2	1	10,0
1 - <5 Mio Euro	8	18,6				
5 - <20 Mio Euro	11	25,6	1	9,1	7	70,0
20 - <50 Mio Euro	6	14,0				
50 Mio Euro u. mehr	10	23,3	5	45,5		
Gesamt	43	100,0	11	100,0	10	100,0

Tabelle 4 (a – f):

Ausgewählte Strukturdaten der befragten Industrieunternehmen

Quelle: eig. Befragung Nov./Dezember 2003

3.3. Repräsentativität der Stichprobe

Das Auswahlprinzip der Erhebung war, nur solche Unternehmen zu befragen, die in irgendeiner Form Internationalisierung betreiben. Über die Anzahl solcher Unternehmen in Österreich findet man jedoch in den veröffentlichten Ergebnissen von Vollerhebungen keine Daten. Somit gestaltet sich die empirische Festlegung der Grundgesamtheit, aus der die Befragungsmenge eine Stichprobe darstellt, einigermaßen schwierig.

Für einen Repräsentativitätsvergleich kommen unter diesen Umständen in erster Linie Unternehmensmerkmale der Größenstruktur in Frage. Auch die Branchenstruktur käme in Betracht, jedoch ist ein statistischer Vergleich angesichts der großen Branchenvielfalt, wie oben gezeigt, für diese nicht sinnvoll durchführbar.

Die *Größenstruktur* wird in der Eigenerhebung durch folgende Merkmale beschrieben:

- Beschäftigtenzahl;
- Zahl der lokalen Einheiten („Betriebsstandorte") pro Unternehmen;
- Umsatz.

Exkurs zur statistischen Datenlage über österreichische Unternehmen im Hinblick auf Internationalisierungsmerkmale

Als Quellen für unternehmensbezogene Daten kommen derzeit zwei Vollerhebungen der STATISTIK AUSTRIA in Betracht:

- Arbeitsstättenzählung, zuletzt 2001;
- Leistungs- und Strukturerhebung, jährlich seit 1995 / 1997, letztes Berichtsjahr 2003, publizierte Ergebnisse liegen bis 2002 vor.

Für die **Arbeitsstättenzählung** (AstZ) gilt, dass die primäre Erhebungseinheit nicht das Unternehmen, sondern die Arbeitsstätte ist, und zwar (mit gewissen Ausnahmen) jede in Österreich gelegene Arbeitsstätte. Eine der Erhebungsfragen bezog sich auf die Zugehörigkeit zu welchem Unternehmen; das Vorhandensein oder die Zahl von Arbeitsstätten im Ausland wurde nicht erfragt (vgl. „Arbeitsstättenblatt" der AstZ 2001, hg. v. Statistik Österreich). Die in den Ergebnispublikationen genannte „Zahl der Arbeitsstätten pro Unternehmen" beschränkt sich daher ausdrücklich auf solche innerhalb Österreichs (vgl. N. RAINER, 2005, insbesondere Tabelle S. 55). Die Daten dieser Erhebung scheiden daher als Referenzquelle aus.

Die **Leistungs- und Strukturerhebung** (LSE) hingegen wendet sich direkt an Unternehmen. Erfragt werden Beschäftigtenzahl, Umsatzerlöse sowie weitere wirtschaftliche Kenngrößen. Neben dem Haupterhebungsbogen für das Unternehmen sind auch Bögen für jeden unternehmenszugehörigen Betrieb bzw. jede Arbeitsstätte auszufüllen.

Die Daten der LSE werden seit dem Berichtsjahr 2002 für den „Produzierenden Bereich" (Bergbau, Sachgütererzeugung, Energie- und Wasserversorgung, Bauwesen), in Übereinstimmung mit EU-weiten Richtlinien, nach einer zweigeteilten Methode erhoben (A + B):

A) Primärerhebung aller größeren Unternehmen:

- aller Ein- und Mehrbetriebsunternehmen mit mehr als 19 Beschäftigten sowie

- aller Arbeitsgemeinschaften und Betriebe von Mehrbetriebsunternehmen, unabhängig von ihrer Beschäftigtenzahl.

B) Hinzuschätzung aller kleineren Unternehmen:

- Alle nicht in die Primärerhebung fallenden Unternehmen werden erstmals mit dem Berichtsjahr 2002 mittels eines statistischen Modells zugeschätzt; die Basisdaten hierfür enthält das Unternehmensregister von STATISTIK AUSTRIA (Update durch Vollerhebung 2001).

Es handelt sich also bei der LSE ab dem Berichtsjahr 2002 um eine „Vollerhebung mit Abschneidegrenzen". Der Anteil der direkt erhobenen Unternehmen im Bereich Sachgütererzeugung beträgt nur 21 %; auf diese entfallen jedoch 84 % der Gesamtbeschäftigten, 87 % der unselbständig Beschäftigten, 93 % der Umsatzerlöse und 94 % der Bruttoinvestitionen; vgl. [LSE 2002b], S. 242-246.

In den LSE-Ergebnissen leider nicht enthalten ist die Anzahl der lokalen Einheiten (Betriebe oder Arbeitsstätten) pro Unternehmen. Man findet weder in den gedruckten Ergebnispublikationen [LSE 2002a, 2002b] noch in der Datenbank ISIS einschlägige Daten, nicht einmal die Zahl der Ein- bzw. Mehrbetriebsunternehmen.

Möglicherweise hängt diese auffällige Lücke mit der Tatsache zusammen, dass *Zweigniederlassungen ausländischer Unternehmen* nach den gesetzlichen Vorgaben für die LSE **nicht meldepflichtig** sind. Auch *ausländische Niederlassungen von österreichischen Unternehmen*, „die auf Dauer eingerichtet sind und für welche ein eigener Rechnungsabschluss (oder vergleichbare Dokumentation) verfügbar ist, sind aus der Meldung auszuklammern" (Erläuterungen zur Leistungs- und Strukturerhebung – Produktion, Berichtsjahr 2002; ebenso: ... Berichtsjahr 2003).

Angesichts dieser sehr lückenhaften Datenlage wurde überlegt, auch Unternehmensdatenbanken von kommerziellen Informationsanbietern für den Repräsentativitätsvergleich heranzuziehen. Die Verlässlichkeit solcher Daten ist allerdings zweifelhaft; und da eine Reliabilitätsprüfung einen beträchtlichen Aufwand erfordert hätte, wurde auf diese Art von Daten verzichtet.

Wegen der dargelegten prekären Datenlage beschränkt sich der folgende Repräsentativitätsvergleich auf die beiden Merkmale „Beschäftigtengrößenklasse" und „Umsatzgrößenklasse", wobei jeweils die zwei kleinsten Größenklassen – für welche, wie gezeigt, auch von Seiten der STATISTIK AUSTRIA keine Primärerhebungs-, sondern nur Schätzungsdaten vorliegen – außer Betracht bleiben. Die Zahlen der Unternehmen in den verbleibenden Größenklassen laut LSE 2002 bilden die „Referenzmenge" (vgl. Tabelle 5 und 6). Inhaltlich gerechtfertigt wird ein solches Vorgehen durch die Tatsache, dass im Allgemeinen nur mittlere und größere Unternehmen in höherem Ausmaß internationalisiert sind.

Tab. 5: Repräsentativität der befragten österreichischen Industrieunternehmen (ab 20 Mitarbeitern) hinsichtlich Beschäftigtenzahl

	Stichprobe	Referenzmenge		
Beschäftigtengrößenklasse	Beobachtete Anzahl	Österr. Sachgütererzeugung	Erwartete Anzahl	Abweichung
20 – 49 Beschäftigte	8	2283	17,2	-9,2
50 – 249 Beschäftigte	10	1529	11,5	-1,5
250+ Beschäftigte	14	440	3,3	10,7
Gesamt	32			

Statistik für Test:

Chi-Quadrat: 39,605   df: 2   Asymptotische Signifikanz: 0,000

Es gibt 1 Zelle (33,3%) mit erwarteter Häufigkeit <5. Die kleinste erwartete Häufigkeit ist 3,3.

Ergebnis: Unternehmen mit 20 – 49 Beschäftigten sind in der Stichprobe unterrepräsentiert, jene mit 250 und mehr Beschäftigten überrepräsentiert. Nur der Anteil der Unternehmen mit 50 – 249 Beschäftigten stimmt mit der Referenzmenge einigermaßen überein.
Die Repräsentativität ist nicht gegeben. Die befragten Unternehmen sind auch innerhalb der relevanten Beschäftigtengrößenklassen größer als die Gesamtheit der österreichischen Sachgütererzeugung.

Tab. 6: Repräsentativität der befragten österreichischen Industrieunternehmen (ab 5 Mio Euro Jahresumsatz) hinsichtlich Umsatzgröße

	Stichprobe	Referenzmenge		
Umsatzgrößenklasse	Beobachtete Anzahl	Österr. Sachgütererzeugung	Erwartete Anzahl	Abweichung
5 – <20 Mio Euro	11	1361	16,0	-5,0
20 – <50 Mio Euro	6	536	6,3	-0,3
50 Mio Euro u. mehr	10	403	4,7	5,3
Gesamt	27			

Statistik für Test:

Chi-Quadrat: 7,433   df: 2   Asymptotische Signifikanz: 0,024

Es gibt 1 Zelle (33,3%) mit erwarteter Häufigkeit <5. Die kleinste erwartete Häufigkeit ist 4,7.

Ergebnis: Die Verteilung der befragten Unternehmen nach Umsatzgröße stimmt wesentlich besser mit der Referenzmenge überein als jene nach der Beschäftigtenzahl. Es zeigt sich aber auch hier ein Bias zugunsten der größeren Unternehmen.

Legt man das übliche Signifikanzniveau von 0,05 zu Grunde, so ist eine statistische Repräsentativität auch hier nicht gegeben: Die befragten Unternehmen haben etwas höhere Umsätze als der Durchschnitt der mittleren und größeren Unternehmen der österreichischen Sachgütererzeugung.

4. Deskriptive Ergebnisse zur Internationalisierung

In diesem Kapitel werden folgende Sachverhalte dargestellt:
1) einfache Maßzahlen des Internationalisierungsgrades;
2) Gesamtkonfiguration der Internationalisierung je Unternehmen (Import, Export, Auslands-Kooperationen, -Zweigbetriebe, -Kapitalbeteiligung);
3) Analyse der Auslandsmarkteintritte nach Formen, Zeitpunkt und Abfolge;
4) Raummuster der bearbeiteten Auslandsmärkte.
Soweit möglich werden die Ergebnisse mit vergleichbaren Untersuchungen österreichischer und ausländischer Unternehmen kontrastiert.

4.1. Einfache Maßzahlen des Internationalisierungsgrades

Hierzu liegen aus der Befragung folgende Angaben vor: (1.) Vorhandensein von Import und Export, (2.) Bedeutung der Importe und Importanteil, (3.) Bedeutung der Exporte und Exportquote, (4.) Anteil der Auslandsniederlassungen.

4.1.1. Vorhandensein von Import und Export

Importtätigkeit: Von den 43 befragten österreichischen Industrieunternehmen gaben nicht weniger als 42 an, dass sie Importe erhalten, das sind rund 98 %. In der ausländischen Vergleichsgruppe gaben hingegen nur 74 % Importtätigkeit an (deutsche Unternehmen: 80 %; slowakische Unternehmen: 67 %; zwei ausländische Unternehmen haben diese Frage nicht beantwortet).

Dieses Ergebnis deckt sich tendenziell mit dem einer europaweiten Befragung, die ebenfalls im Jahr 2003 (von April bis August) durchgeführt wurde, aber nur das Internationalisierungsverhalten von KMU erfasste [Enterprise Publication 2003/4]: Auch nach dieser Befragung werden Importe von KMU in Deutschland seltener getätigt als von österreichischen KMU (34 % vs. 47 %; vgl. ENSR Enterprise Survey 2003, S. 36). Für die Slowakei und die Tschechische Republik liegen aus dieser Studie keine Daten vor.

Die eben erwähnte Studie über KMU in 19 europäischen Ländern – EU-15 plus Island, Norwegen, Schweiz und Liechtenstein – kam zu dem Ergebnis, dass in kleinen und mittleren Unternehmen die am häufigsten praktizierte Form der Internationalisierung die Importe sind; erst danach folgen Exporte und andere Formen. Konkret hatten von den befragten österreichischen KMU, wie bereits erwähnt, 47 % ausländische Lieferanten, während nur 31 % Exporte tätigten

(Enterprise Publication 2003/4, S. 16). Mit beiden Werten liegt Österreich deutlich über dem Durchschnitt der untersuchten europäischen Länder, der 30 % (Importtätigkeit) bzw. 18 % (Exporttätigkeit) beträgt.

Exporttätigkeit: Zunächst ist festzuhalten, dass *alle* Industrieunternehmen der Stichprobe, österreichische wie ausländische, Exporte tätigen, d. h. zumindest einen geringen Anteil ihres Umsatzes im jeweiligen Ausland erzielen. Damit sind Exporte in der vorliegenden Stichprobe häufiger anzutreffen als Importe, was den Ergebnissen der europaweiten Studie (die sich allerdings auf KMU beschränkte) zu widersprechen scheint.

Um dies zu überprüfen, wurden die Export-/Importverhältnisse in den befragten KMU (insg. 40 Unternehmen mit <250 Beschäftigten, davon 28 in Österreich und 12 im Ausland; vgl. oben, Tab. 4.d) näher untersucht. Auch die KMU weisen, wie bereits erwähnt, zu 100 % Exporttätigkeit auf, aber nur 89,7 % von ihnen auch Importtätigkeit (96 % der österreichischen und 73 % der ausländischen KMU). Auch die befragten Klein- und Mittelunternehmen tätigen also häufiger Exporte als Importe, in dieser Hinsicht besteht kaum ein Unterschied zwischen den KMU und den großen Unternehmen der Stichprobe, sowohl im Inland als auch im Ausland.

Diese Abweichung von den Ergebnissen der ENSR-Studie könnte darauf hindeuten, dass Internationalisierung in Industrieunternehmen anders abläuft bzw. anders konfiguriert ist als in Dienstleistungsunternehmen. Denn in der ENSR-Stichprobe gehörten nur knapp 30 % der Unternehmen zur Sachgütererzeugung (NACE 10–41) und Bauwirtschaft (NACE 45), der Großteil waren Handels- und andere Dienstleistungsunternehmen (ENSR Enterprise Survey 2003, S. 15).

4.1.2. Bedeutung der Importe und Importanteil

Zunächst wurden die Befragten um eine verbale Einstufung der Bedeutung der Importe für das Unternehmen gebeten. Die Resultate zeigt Tabelle 7.

Tab. 7: Bedeutung der Importe im Unternehmen – verbale Einschätzung

	Hauptsitz Österreich		Hauptsitz D / SK / CZ		Gesamt	
	Anzahl	%	Anzahl	%	Anzahl	%
sehr wichtig	21	48,8	4	19,0	25	39,1
eher wichtig	12	27,9	2	9,5	14	21,9
weniger wichtig / eher unwichtig	7	16,3	9	42,9	16	25,0
keine	3	7,0	6	28,6	9	14,1
	43	100,0	21	100,0	64	100,0

Quelle: eig. Befragung 2003.

Was die (subjektive) Einschätzung der Bedeutung der Importe für das Unternehmen betrifft, besteht ein eklatanter Unterschied zwischen Zielgruppe und Vergleichsgruppe: Während die österreichischen Unternehmen ihre Importe zu 49 % für sehr wichtig einschätzen und zu 28 % für eher wichtig (zusammen 77 %), beträgt der Anteil dieser zwei Antwortkategorien bei den befragten deutschen, slowakischen und tschechischen Unternehmen nur 28,5 %. Der Unterschied ist statistisch signifikant (Chi²-Test: df 3, asymptot. Signifikanz 0,000).

Exakte Angaben über den *Importanteil*, definiert als Prozentsatz der Importe am gesamten Rohstoff- und Materialeinsatz des Unternehmens, haben sämtliche österreichischen Befragten und rund 90 % der Vergleichsgruppe geliefert.

Wie Abb. 2 zeigt, ist die Spannweite des Importanteils sehr groß: Sowohl unter den österreichischen als auch unter den ausländischen Industrieunternehmen gibt es solche, die gar keine Importe tätigen, und solche, die ihre Rohstoffe und Materialien zu 100 % aus dem Ausland beziehen (!).

Abb. 2: Histogramm der Importanteile der befragten Industrieunternehmen

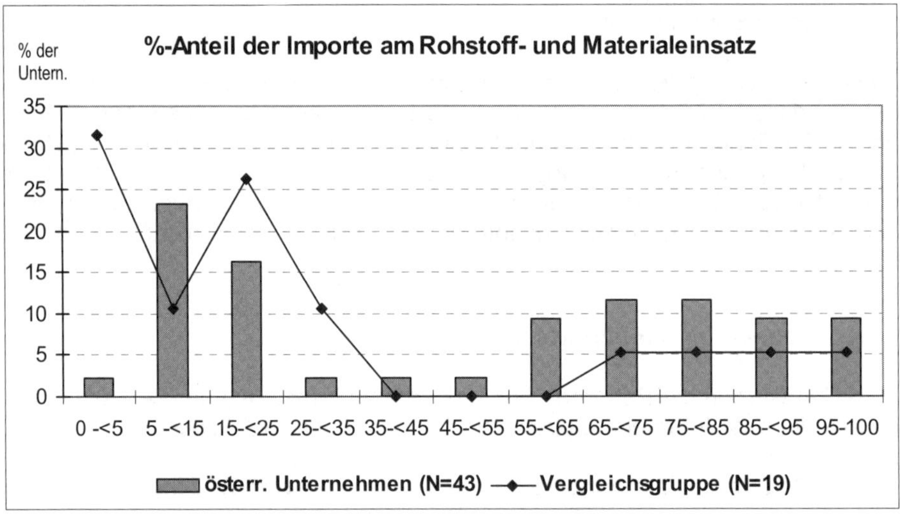

Quelle: eig. Befragung 2003.
Anmerkung: Von zwei der befragten ausländischen Unternehmen liegen keine Angaben vor.

In der Verteilung der Importanteile differieren Zielgruppe und Vergleichsgruppe jedoch beträchtlich. Wie Tabelle 8 zeigt, weisen die befragten österreichischen Unternehmen mit 48 % im Mittel einen wesentlich höheren Importanteil auf als die befragten ausländischen mit 27 % (Unterschied statistisch signifikant).

Dies ist um so bemerkenswerter, als hinsichtlich Betriebsstandort-Anzahl, Beschäftigtenzahl und Umsatzgröße (vgl. oben, Tab. 4.c, d, f) keine signifikanten Unterschiede zwischen Ziel- und Vergleichsgruppe bestehen.

Tab. 8: Importanteil der befragten Industrieunternehmen, Vergleich aus-gewählter Verteilungsmaße

Verteilungsmaß	österr. Ind.-Unt.	ausländ. Ind.-Unt.	Gesamtstichprobe
Spannweite (Min. – Max.)	0 – 100	0 – 100	0 – 100
arithm. Mittelwert	(*) 48,05	(*) 27,00	41,60
Median	60,0	20,0	23,5
Interquartilsabstand	10 – 80	0 – 31	10 – 76
Standardabweichung	34,20	31,89	34,65

Quelle: eigene Berechnungen
(*) Unterschied auf dem 0,05-Niveau signifikant (t-Test).

4.1.3. Bedeutung der Exporte und Exportquote

Zunächst werden wieder die Ergebnisse der verbalen Einschätzung und dann die exakten Angaben der Exportquote dargestellt. Es sei daran erinnert, dass alle befragten Unternehmen eine gewisse Exporttätigkeit angegeben haben.

Tab. 9: Bedeutung der Exporte im Unternehmen – verbale Einschätzung

	Hauptsitz Österreich		Hauptsitz D / SK / CZ		Gesamt	
	Anzahl	%	Anzahl	%	Anzahl	%
sehr wichtig	23	53,5	13	61,9	36	56,3
eher wichtig	11	25,6	6	28,6	17	26,6
weniger wichtig / eher unwichtig	8	18,6	2	9,5	10	15,6
keine	1	2,3	0	- - -	1	1,6
	43	100,0	21	100,0	64	100,0

Quelle: eig. Befragung 2003.

Wie Tabelle 9 zeigt, schätzen die österreichischen Befragten die Bedeutung des Exports für ihr Unternehmen zu 79 % als sehr wichtig oder eher wichtig ein. Überraschenderweise ist dieser summierte Anteil bei den ausländischen Respondenten noch höher, nämlich knapp über 90 %. Die Unterschiede zwischen österreichischen und ausländischen Unternehmen sind hier nicht signifikant.

Nunmehr seien die Werte der *Exportquote,* definiert als Prozentsatz der Exporte am Gesamtumsatz des Unternehmens, dargestellt.

Wie aus Tabelle 10 ersichtlich ist, besteht auch bei der Exportquote eine sehr große Spannweite: zwischen 2 und 95 Prozent der Unternehmensumsätze.

Tab. 10: Exportquote der befragten Industrieunternehmen, Vergleich aus-gewählter Verteilungsmaße

Verteilungsmaß	österr. Ind.-Unt.	ausländ. Ind.-Unt.	Gesamtstichprobe
Spannweite (Min. – Max.)	2 – 95	5 – 80	2 – 95
arithm. Mittelwert	45,02	44,19	44,75
Median	32,0	48,0	39,0
Interquartilsabstand	15 – 84	28 – 55	20 – 79
Standardabweichung	34,47	18,75	30,07

Quelle: eigene Berechnungen

Der Mittelwert der österreichischen Industrieunternehmen ist fast identisch mit jenem der ausländischen Vergleichsgruppe (45 bzw. 44 %), die Streuung ist allerdings bei den Österreich-basierten Unternehmen wesentlich größer; vgl. Abb. 3.

Abb. 3: Histogramm der Exportquoten der befragten Industrieunternehmen

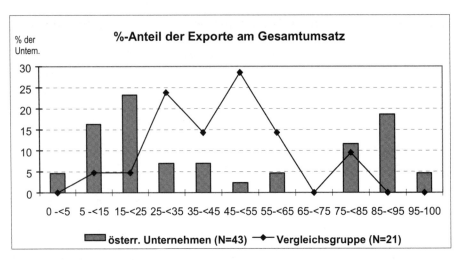

Quelle: eig. Befragung 2003.

Abb. 3 zeigt, dass die befragten österreichischen Unternehmen in Bezug auf ihre Exportquote in zwei Gruppen zerfallen: in eine etwas größere mit unter-durchschnittlichen Werten, und eine etwas kleinere mit überdurchschnittlichen Quoten, zumeist über 75 %. Bei den ausländischen Unternehmen ist keine sol-che Polarisierung erkennbar, die Mehrzahl gruppiert sich um den Mittelwert.

Eine nützliche Vergleichsgröße zur Plausibilitätsprüfung der erhobenen Export-quote bildet die durchschnittliche *Auslandsumsatzquote* der österreichischen Produktionsunternehmen. Deren Wert wird seit einigen Jahren aus den Ergebnissen der Leistungs- und Strukturerhebung (LSE) von STATISTIK AUSTRIA errechnet und auf deren Website publiziert. Die neuesten Werte zeigt die folgende Tabelle:

Tab. 11: Umsatzsumme und Auslandsumsatzquote der Unternehmen des Produzierenden Bereichs, Österreich 2001 – 2003

	2001	2002	2003
Produzierender Bereich insgesamt (ÖNACE-Abschnitt C – F):			
Umsatz, Mrd. Euro	131,8	133,1	135,9
davon im Ausland	42,7 %	44,0 %	44,4 %
Sachgütererzeugung (ÖNACE-Abschnitt C – E):			
Umsatz, Mrd. Euro	114,0	115,2	116,5
davon im Ausland	49,0 %	50,4 %	51,3 %
Bauwesen (ÖNACE-Abschnitt F):			
Umsatz, Mrd. Euro	17,8	17,9	19,4
davon im Ausland	2,2 %	2,8 %	2,6 %

Quelle: http://www.statistik.at/fachbereich_produzierender/txt.shtml, aktualisiert 24.5.2004; Abfrage: 3.3.2005.

Datenbasis: LSE der STATISTIK AUSTRIA, Vollerhebung der größeren Unternehmen Österreichs (ca. 10.600 Unternehmen 2002/2003); zur Erhebungsmethode vgl. oben 3.3., Exkurs.

Tabelle 11 weist nach, dass die Auslandsumsätze der österreichischen Industrie von Jahr zu Jahr zunehmen und dass die Auslandsumsatzquote der eigentlichen Sachgütererzeugung – nicht des Bauwesens – bereits über 50 % beträgt: ein erstaunlich hoher Wert!
Berechnet man die Exportquote nur für die direkt vergleichbare Befragungsmenge der Unternehmen mit 20 und mehr Beschäftigten, so erhöht sich der Mittelwert von 45 auf 50,6 %. Dieser Wert stimmt sehr gut mit dem Wert in Tab. 11 überein, womit die Repräsentativität der Stichprobe hinsichtlich Exportquote indirekt bestätigt wird.

4.1.4. Anteil der Auslandsniederlassungen

Als letzte Maßzahl zum Ausmaß der Internationalisierung sei nun der **Anteil der Auslandsniederlassungen** an allen Betriebsstandorten des Unternehmens dargestellt. Dieser Wert kann als Proxy für die Auslandsmitarbeiterquote, die in der vorliegenden Untersuchung nicht erfragt wurde, dienen.

Bei dieser Maßzahl werden nur die österreichischen Unternehmen analysiert, weil die Angaben der ausländischen zu lückenhaft waren. Bemerkenswert erscheint, dass von 9 befragten slowakischen Unternehmen kein einziges eine Niederlassung im Ausland angab, was angesichts des rezenten Gründungsdatums der dortigen Industriefirmen durchaus plausibel ist (vgl. oben Tab. 4.a).

Die Verteilung der Anteile bei den österreichischen Befragten zeigt Abb. 4. Knapp mehr als die Hälfte der dargestellten Industrieunternehmen besitzt keine eigene Niederlassung im Ausland. Unter den übrigen ist jedoch eine sehr breite Streuung der Anteile zu beobachten, von etwa 12 bis 96 %. Unter jenen Unternehmen, die bereits mindestens e i n e Auslandsniederlassung errichtet haben, überwiegen solche mit mehr als der Hälfte ihrer Niederlassungen im Ausland.

Abb. 4: Histogramm der Auslandsniederlassungs-Anteile

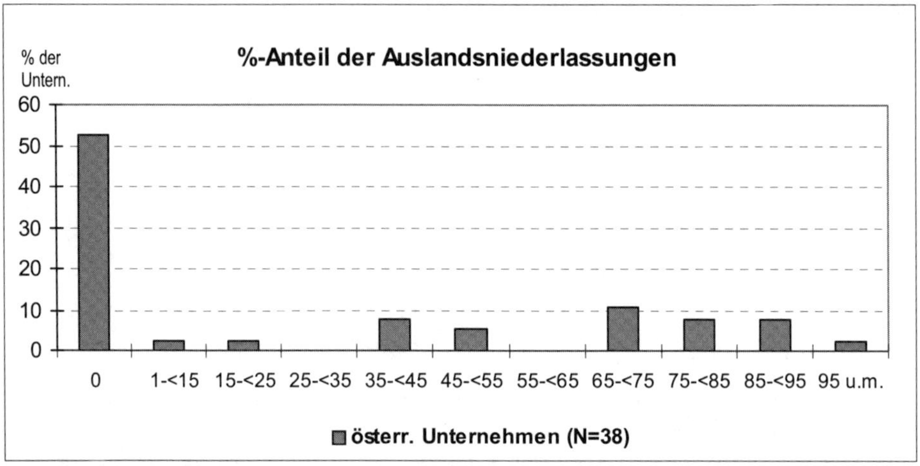

%-Anteil der Auslandsniederlassungen

% der
Untern.

■ österr. Unternehmen (N=38)

Quelle: eig. Befragung 2003.

Interessant ist hier die Frage, ob sich bei den Industrieunternehmen eine Wechselbeziehung zwischen Exportquote und Anteil der Auslandsniederlassungen nachweisen lässt. Zu diesem Zweck wird die Korrelation der beiden Maßzahlen analysiert; vgl. Abb. 5.

Abb. 5: Korrelation Exportquote – Auslandsniederlassungsanteil

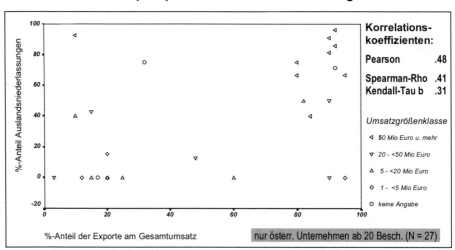

Quelle: eig. Befragung 2003.

Methodische Anmerkung zu Abb. 5: Um die Zahl der „Nullfälle" von Auslandsniederlassungen zu reduzieren, wird die Korrelationsberechnung nur für die mittleren und großen Unternehmen (ab 20 Beschäftigten) durchgeführt.

Wie vermutet, ist die bivariate Korrelation positiv und sogar für alle drei angegebenen Koeffizienten signifikant. Jedoch besteht keine eindeutig lineare Beziehung. Mehrere Beispiele (siehe Punkte in der Graphik rechts unten) belegen, dass österreichische Industrieunternehmen auch ohne Auslandsniederlassung hohe Exportquoten erzielen; und andererseits gibt es auch Unternehmen mit relativ vielen Auslandsniederlassungen, aber geringer Exportquote.

Die Abhängigkeit des Auslandsniederlassungsanteils vom Umsatz des Unternehmens, wie sie durch die Signaturform in Abb. 5 bereits angedeutet ist, wurde zum Vergleich ebenfalls untersucht. Dabei wurde zunächst ein starker Einfluss eines Einzelfalls (Firma Wienerberger, ein ‚Global Player') festgestellt. Nach dessen Ausblendung ergibt sich zwar die erwartete positive Korrelation, aber ebenfalls keine eindeutig lineare Beziehung und bei allen genannten Koeffizienten niedrigere Korrelationswerte als für die Exportquote.

4.2. Gesamtkonfiguration der Internationalisierung je Unternehmen

In diesem Abschnitt werden neben den Exporten folgende Formen der Internationalisierung betrachtet: Auslands-Kooperationen, Auslands-Zweigbetriebe und Kapitalbeteiligung im Ausland. Insgesamt sind in der Datenbasis rund 280 Einzelschritte dieser Formen auf einzelnen Auslandsmärkten dokumentiert.

Die vorkommenden Internationalisierungsformen werden zunächst rein statisch nach aktuellem Stand vorgestellt. Ihr Auftreten im Zeitablauf (wie im Phasenmodell angenommen) wird in Abschnitt 4.3. behandelt.

Die nachstehende Tabelle zeigt für die soeben genannten Internationalisierungsformen sowohl die Häufigkeit des Auftretens als auch die Intensität, gemessen an der Anzahl der genannten bearbeiteten Auslandsmärkte (vgl. Tab. 12).

Für die österreichischen Industrieunternehmen kann man aus Tabelle 12 folgende Aussagen ableiten: Während 100 % der Befragten Exporttätigkeit und 98 % auch mindestens 1 konkreten Auslandsmarkt angaben, ist die Anwendung der übrigen Internationalisierungsformen viel seltener: Kooperationen nannten 49 % (46 % gaben auch mindestens 1 konkretes Land an), Zweigbetriebe knapp 40 % (alle mit konkreter Angabe), Kapitalbeteiligung nur knapp 29 % (24 % mit konkreter Angabe des Auslandsmarktes).

Die deutschen Vergleichsunternehmen exportieren zwar in mehr Auslandsmärkte (durchwegs mind. 3), zeigen aber bei Kooperationen (18 %) und bei Zweigbetrieben (27 %) weniger Auslandsaktivität als die österreichischen. Kapitalbeteiligungen im Ausland kommen bei ihnen hingegen häufiger vor (40 %). Eine mögliche Erklärung hierfür bietet das höhere Alter der deutschen Unternehmen (vgl. Tab. 4.a) – eine Hypothese, die leider anhand der vorliegenden kleinen Stichprobe nicht statistisch verifiziert werden kann.

Auffallend ist schließlich die Tatsache, dass die befragten slowakischen und tschechischen Unternehmen bisher nur Export praktizieren, aber weder Kooperations- noch Kapitalbeziehungen noch Auslandsniederlassungen aufgebaut haben. Dieser Befund steht im Einklang mit dem Phasenmodell der Internationalisierung.

Tabelle 12: Verteilung der praktizierten Internationalisierungsformen

		Land (Hauptsitz)					
		Österreich		Deutschland		Slowakei, CZ	
		Anzahl	%	Anzahl	%	Anzahl	%
Exporttätigkeit ja/nein	ja	43	100,0	11	100,0	10	100,0
Anzahl der angegebenen Exportmärkte	0	1	2,3				
	1	3	7,0			2	20,0
	2	9	20,9				
	3 und mehr	30	69,8	11	100,0	8	80,0
	Gesamt (100 %)	*43*		*11*		*10*	
Bestehen Kooperationen mit Unternehmen im Ausland?	ja	21	48,8	2	18,2		
	nicht mehr (früher ja			1	9,1		
	nein	22	51,2	8	72,7	10	100,0
Anzahl der angegebenen Auslandsmärkte mit Kooperation(en)	0	23	53,5	9	81,8	10	100,0
	1	6	14,0	1	9,1		
	2	5	11,6				
	3 und mehr	9	20,9	1	9,1		
	Gesamt (100 %)	*43*		*11*		*10*	
Haben Sie Zweigbetriebe im Ausland?	ja	17	39,5	3	27,3		
	nein	26	60,5	8	72,7	10	100,0
Anzahl der angegebenen Auslandsmärkte mit Zweigbetrieb(en)	0	26	60,5	8	72,7	10	100,0
	1	4	9,3				
	2	6	14,0				
	3 und mehr	7	16,2	3	27,3		
	Gesamt (100 %)	*43*		*11*		*10*	
Ist Unternehmen kapitalmäßig an Untern. im Ausland beteiligt?	ja	12	28,6	4	40,0		
	nein	30	71,4	6	60,0	9	100,0
Anzahl der angegebenen Auslandsmärkte mit Kapitalbeteiligung	0	32	76,2	6	60,0	9	100,0
	1	4	9,5	4	40,0		
	2	2	4,8				
	3 und mehr	4	9,5				
	Gesamt (100 %)	*42*		*10*		*9*	

Quelle: eig. Befragung 2003.

Unter den genannten Formen der Internationalisierung weisen die Kooperationen die größte Artenvielfalt auf (vgl. hierzu auch oben, Kap. 2.2.). Das Spektrum der vorkommenden Auslands-Kooperationen soll daher noch genauer untersucht werden, umso mehr, als österreichische Industrieunternehmen diese Form relativ häufig praktizieren.

In der Eigenerhebung wurde nach den Kooperationen, die das Unternehmen in bis zu 3 Auslandsmärkten unterhält, gefragt. Auf diese Frage haben die meisten einschlägigen Unternehmen nur eine einzige Art von Kooperation angegeben, nur wenige gaben zwei Arten an. Daher ist es auch nicht möglich, die Art der Kooperationen nach Auslandsmärkten zu differenzieren. Die bivariate Häufigkeitsverteilung der insgesamt genannten Arten zeigt Tab. 13.

Tabelle 13: Arten der Auslands-Kooperation (nur österr. Unternehmen)

1. Art von Auslands-Kooperation	2. Art von Auslands-Kooperation						Gesamt
	3 (General-)Vertretung, Agentur, Service	4 Vertrieb, Händler, Franchise-Untern.	5 Import von Rohmaterialien	6 Entwicklung, Lizenz	8 Joint Venture, Tochterfirma	9 keine weitere Art	Anzahl
	N	N	N	N	N	N	
0 nicht spezifizierte Kooperation						1	1
1 Partner, Gentleman-Agreement, Geschäftsbeziehung						4	4
2 gemeinsame Aufträge, punktuelle + kurzfristige Koop.						2	2
3 (General-)Vertretung, Agentur, Service						2	2
4 Vertrieb, Händler, Franchise-Unternehmen	2		1			1	4
6 Entwicklung, Lizenz		1					1
7 Produktion(stechnik), (Teile-)Fertigung, Warenbezug				1	1	1	3
8 Joint Venture, Tochterfirma						4	4
Gesamt	2	1	1	1	1	15	21

Quelle: eig. Befragung 2003.

Die Reihenfolge der Kooperationsarten orientiert sich an dem eingangs entwickelten deskriptiven Schema der Internationalisierungsphasen (vgl. oben Abb. 1). Nicht entsprechend zuordenbar sind die „nicht spezifizierten" und informellen Kooperationen (Arten 0 und 1), die zusammen mit den punktuellen und kurzfristigen ein Drittel aller Erstnennungen (7 von 21) ausmachen. Auch bei den angeführten „Joint Ventures" erlaubt es die Antwortqualität leider nicht, nach Vertriebs- und Produktions-Joint Ventures zu differenzieren.

Kooperationen im Bereich der Lizenzvergabe wurden nur 2 mal genannt (1 Erst- und 1 Zweitnennung). Insgesamt am häufigsten genannt wurden Kooperationen im Vertriebsbereich: „Vertrieb/Händler/Franchise-Partner" (4 Erstnennungen, 1 Zweitnennung) und „(General)Vertretung, Agentur, Service" (je 2 Erst- und Zweitnennungen). Weniger häufig kommen Kooperationen im Bereich Produktion mit (Teile-)Fertigung und/oder Warenbezug vor (3 Erstnennungen); allerdings ist zu vermuten, dass einige der angeführten „Joint Ventures" und „Tochterfirmen" ebenfalls im Produktionsbereich tätig sind.

Interessanter noch als die Analyse der Einzelmerkmale ist die Untersuchung der Frage, welchen Mix von Internationalisierungsmaßnahmen die Unternehmen anwenden. In der nachstehenden Tabelle sind die Kombinationen aufgelistet.

Tabelle 14: Vorkommende Kombinationen der Internationalisierungsformen

Erläuterung: e Export, i Import, c Ausld.-Kooperation, z Zweigbetrieb(e), k Kapitalbeteiligung	Land (Hauptsitz)						Gesamt	
	Österreich		Deutschland		Slowakei, CZ			
	Anzahl	%	Anzahl	%	Anzahl	%	Anzahl	%
e			2	18,2	4	40,0	6	9,4
e . . z .			1	9,1			1	1,6
e . c . .	1	2,3					1	1,6
ei . . .	14	32,6	3	27,3	6	60,0	23	35,9
ei . . k	1	2,3	2	18,2			3	4,7
ei . z .	4	9,3	1	9,1			5	7,8
ei . zk	3	7,0					3	4,7
eic . .	10	23,3					10	15,6
eic . k			1	9,1			1	1,6
eicz .	3	7,0					3	4,7
eiczk	7	16,3	1	9,1			8	12,5
Gesamt	43	100,0	11	100,0	10	100,0	64	100,0

Quelle: eig. Befragung 2003.

Erläuterung: Die einzelnen Maßnahmen werden hier rein unternehmensbezogen, unabhängig von ihrem geographischen Auftreten, gezählt, d.h. es ist damit nicht ausgesagt, dass in ein und demselben Auslandsmarkt eine Kombination von Maßnahmen angewandt wird; zur länderspezifischen Internationalisierung vgl. unten 4.3. und 4.4.

Die Aussagen von Tabelle 14 lassen sich wie folgt zusammenfassen:

Die „klassische Basiskonfiguration" der Internationalisierung, nämlich ausschließlich Export bzw. nur Export und Import – in der Tabelle als „e...." bzw. „ei..." bezeichnet – tritt im Gesamtdurchschnitt bei rund 45 % der Befragten auf; der Anteil bei den österreichischen Unternehmen beträgt nur 33 %, bei den deutschen über 45 %, bei den slowakischen und tschechischen wie erwähnt sogar 100 %.

Abgesehen von dieser Basiskonfiguration gibt es nach den Regeln der Kombinatorik sieben mögliche Kombinationen der drei Internationalisierungsformen „c", „z" und „k". Alle diese 7 Kombinationen kommen unter den befragten österreichischen und deutschen Unternehmen vor, mit unterschiedlichen Häufigkeiten:
Relativ am häufigsten kommt die Kombination „e(i)c.." vor, also die Kooperation mit mindestens einem ausländischen Partner ohne Zweigwerk und ohne Kapitalbeteiligung. Diese Form der Internationalisierung ist interessanterweise nur in der österreichischen Zielgruppe mit fast 26 % vertreten, in der Vergleichsgruppe fehlt sie hingegen völlig (!).
Bereits an nächster Stelle steht die Kombination „**eiczk**", also der kombinierte Einsatz aller fünf Internationalisierungsformen: 16 % der österreichischen, aber

nur eines (= 9 %) der deutschen Unternehmen sind hier zuzuordnen.

Etwa 9 % der befragten Unternehmen praktizieren die Form „**e(i).z.**", d.h. sie besitzen über die Basiskonfiguration hinaus nur einen oder mehrere Zweigbetrieb(e) als einzige Form des Auslandsengagements.

Die restlichen 15,7 % der Stichprobe entfallen auf die vier Kombinationen „**eicz.**", „**ei..k**", „**ei.zk**" sowie „**eic.k**", die jeweils mit maximal 3 Fällen vorkommen. Die erstgenannte dieser seltenen Ausprägungen (Export + Import, Kooperation und Zweigwerk ohne Kapitalbeteiligung) wurde nur bei österreichischen Befragten festgestellt, während eine Kapitalbeteiligung ohne Zweigwerk bei deutschen Unternehmen viel häufiger vorkommt.

4.3. Analyse der Auslandsmarkteintritte nach Form, Zeitpunkt und Abfolge

In diesem Abschnitt wird versucht, das Auftreten der Internationalisierungsmaßnahmen so genau wie möglich nachzuzeichnen. Hierzu erweist es sich als zweckmäßig, die einzelnen Internationalisierungsschritte jeweils auf einen Auslandsmarkt zu beziehen und sie als Phasen des Markteintritts im betreffenden Land aufzufassen. Als Analyseeinheit in diesem Abschnitt dient daher der Markteintritt in jeweils 1 Auslandsmarkt.

Die zeitliche Analyse kann nur für jene Unternehmen erfolgen, die für ihre Internationalisierungsschritte sowohl den Zielmarkt als auch das Jahr der Durchführung angegeben haben. Die meisten der in der Datenbasis dokumentierten Internationalisierungsschritte sind auch zeitlich fixiert (236 von 279). Daraus lassen sich insgesamt 186 Markteintritte rekonstruieren, also im Durchschnitt etwa 3 je Unternehmen.

4.3.1. Typisierung der Auslandmarkteintritte

Im Hinblick auf die Form der Internationalisierung und die zeitliche Abfolge lassen sich *vier Grundtypen von Auslandsmarkteintritten* unterscheiden:

a) *einfache Markteintritte:* das Unternehmen ist bisher nur in einer Form auf dem betreffenden Auslandsmarkt präsent, entweder durch Export (e) oder durch Kooperation (c) oder Zweigwerk (z) oder Kapitalbeteiligung (k);

b) *Eintritte auf 2 Ebenen:* das Unternehmen ist auf diesem Markt von Anfang an mit zwei Formen präsent, d.h. es wurden simultan zwei Internationalisierungsschritte (z. B. ec, cz) gesetzt;

c) *Eintritte auf 3 Ebenen:* Markteintritt durch simultanen Einsatz von drei Formen (z. B. ecz, czk);

d) *mehrphasige Markteintritte:* mehrere Internationalisierungsschritte in verschiedenen Jahren: z.B. e>c, e>zc, ezc>k, e>c>z, e>c>zk [3]).

Die bei der Befragung erfassten Markteintritte verteilen sich auf diese Typen und deren Varianten wie folgt (Tab. 15):

---

[3] Das Pfeilzeichen bedeutet einen Zeitabstand von mind. 1 Jahr.

Tabelle 15: Auslandsmarkteintritte der befragten Industrieunternehmen nach Formen und zeitlicher Abfolge

Markteintrittsformen und ihre Abfolge	Österreich			Deutschland			Slowakei, CZ		
	Anzahl Markt- eintritte	% der Unter- nehmen	% der Markt- eintritte	Anzahl Markt- eintritte	% der Unter- nehmen	% der Markt- eintritte	Anzahl Markt- eintritte	% der Unter- nehmen	% der Markt- eintritte
einfache Markteintritte:	82		*68,9*	36		*87,8*			
e	64	168,4	*53,8*	27	245,5	*65,9*	26	260,0	*100,0*
c	9	23,7	*7,6*	2	18,2	*4,9*			
z	6	15,8	*5,0*	5	45,5	*12,2*			
k	3	7,9	*2,5*	2	18,2	*4,9*			
Eintritte auf 2 Ebenen:	19		*16,0*						
ec	11	28,9	*9,2*						
ez	2	5,3	*1,7*						
cz	2	5,3	*1,7*						
ck	2	5,3	*1,7*						
zk	2	5,3	*1,7*						
Eintritte auf 3 Ebenen:	4		*3,4*						
ecz	1	2,6	*,8*						
ezk	2	5,3	*1,7*						
czk	1	2,6	*,8*						
mehrphasige Eintritte:	14		*11,7*	5		*12,2*			
e>c	6	15,8	*5,0*						
e>z	1	2,6	*,8*	3	27,3	*7,3*			
c>e	1	2,6	*,8*						
c>z	1	2,6	*,8*						
c>k				1	9,1	*2,4*			
k>e	1	2,6	*,8*						
e>czk	1	2,6	*,8*						
ezc>k				1	9,1	*2,4*			
e>z>c	3	7,9	*2,5*						
Gesamtzahl der Markteintritte	119		*100,0*	41		*100,0*	26		*100,0*
Gesamtzahl der Unternehmen	38	100,0		11	100,0		10	100,0	

Quelle: eig. Befragung 2003.

Aus Tab. 15 ersieht man zunächst, dass für österreichische und deutsche Industrieunternehmen der bloße Export noch immer die häufigste Markteintrittsform ist: auf 54 % ihrer Auslandsmärkte sind die österreichischen Befragten nur durch Exporte präsent, die deutschen auf 66 %. – (Dass für die befragten slowakischen und tschechischen Unternehmen Exporte die bisher einzige Form der Auslandsmarktpräsenz sind, wurde bereits erwähnt.) – Bemerkenswerter erscheint aber, dass relativ häufig „einfache" Markteintritte nicht in Form von Exporten, sondern entweder als Kooperation oder als Zweigwerk(e) oder als Kapitalbeteiligung durchgeführt werden: 15 % der Markteintritte von österreichischen, 22 % von deutschen Befragten.

Etwa ebenso häufig erfolgen, allerdings nur bei österreichischen Industrieunternehmen, Markteintritte simultan auf zwei Ebenen – zumeist sind es Export und Kooperation –, die zur selben Zeit eingesetzt werden; vereinzelt wird auch simultaner Eintritt auf drei Ebenen angegeben (ebenso nur von österreichischen Unternehmen).

Relativ selten lässt sich eine Abfolge mehrerer Formen im Abstand einiger Jahre, wie es dem Phasenmodell entspräche, in der Stichprobe nachweisen; diesem „mehrphasigen Typ" sind nur je 12 % der Markteintritte von österreichischen wie deutschen Unternehmen zuzuordnen. Dabei stehen zumeist Exporte am Anfang, aber auch Kooperation oder Kapitalbeteiligung bilden manchmal den ersten Schritt eines zweiphasigen Markteintritts. In seltenen Fällen (3 % der österreichischen bzw. 2 % der deutschen Markteintritte) kommen auch drei oder vier Internationalisierungsformen zum Einsatz, und zwar jeweils Export als erster Schritt, und als letzter Schritt entweder Kooperation oder Kapitalbeteiligung.

4.3.2. Zeitliche Verteilung der Auslandsmarkteintritte

Die folgende Abbildung zeigt die Verteilung der dokumentierten Auslandsmarkteintritte (inkl. Exporte) der befragten Industrieunternehmen im Zeitraum seit 1945, in 5-Jahres-Intervallen.

Abb. 6: Verteilung der Auslandsmarkteintritte nach Jahren

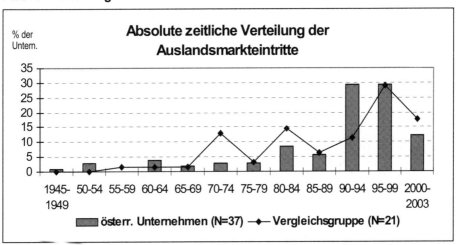

Quelle: eig. Befragung 2003.

Sowohl in der Hauptzielgruppe als auch in der Vergleichsgruppe erfolgten die meisten Auslandsmarkteintritte erst im Jahrzehnt 1990 – 1999 oder noch später: bei den österreichischen Unternehmen beträgt dieser Anteil 71 %, bei den ausländischen 58 % (darunter bei den slowakischen über 90 %).

Bei der Interpretation dieser Graphik ist jedoch Vorsicht geboten, denn sie wird verzerrt durch die Tatsache, dass nicht wenige Unternehmen vor 1990 noch gar nicht aktiv sein konnten, weil sie noch gar nicht existierten: Laut Tabelle 4.a (vgl. oben) sind 23 % der österreichischen und fast 50 % der ausländischen Firmen der Stichprobe erst nach 1989 gegründet worden.

Eine unverzerrte zeitliche Analyse ist nur möglich, wenn man die Markteintritts-zeitpunkte auf die Unternehmensgründung bezieht und die Jahre, die seit dem Gründungsjahr bis zum jeweiligen Markteintritt verstrichen sind, analysiert. Dabei ergeben sich folgende Einsichten (vgl. Tab. 16 und 17).

Betrachtet man zunächst nur den Beginn der Internationalisierung, also den Eintritt in den ersten Auslandsmarkt (Tab. 16), so zeigt sich, dass Industrieunternehmen, die vor 1946 gegründet wurden, frühestens nach 10-jährigem Bestehen, aber meist noch wesentlich später, den Schritt ins Ausland getan haben. Die nach dem Zweiten Weltkrieg bis heute gegründeten Unternehmen begannen hingegen wesentlich früher mit der Internationalisierung, mehrere von ihnen sogar bereits im Gründungsjahr! Besonders häufig ist dies bei Unternehmen, die ab 1990 gegründet wurden, der Fall. In diesem Zeitraum sind vor allem slowakische, aber auch mehrere österreichische offensichtlich bereits als exportierende Unternehmen gegründet worden.

Tab. 16: Zeitabstand zwischen Unternehmensgründung und Beginn der Internationalisierung (österreichische und ausländische Befragte zusammen)

relativer Zeitpunkt des 1. Auslandsmarkt-Eintritts	Gründungszeitraum						Gesamt
	vor 1919	1919 - 1945	1946 - 1973	1974 - 1989	1990 - 1999	2000 - 2003	
sofort = im Gründungsjahr			2	1	9	3	15
1 - 2 J. nach Gründung			1		4	2	7
3 - 5 J. nach Gründung			1	4	1		6
6 - 9 J. nach Gründung			1	2	1		4
10-14 J. nach Gründung	1		1	1			3
15-20 J. nach Gründung		2	1	2			5
21-30 J. nach Gründung		1	2				3
31-60 J. nach Gründung	1	1	1				3
61-300 J. nach Gründung	11	1					12
Gesamt	13	5	10	10	15	5	58

Quelle: eig. Befragung 2003.

Die Gesamtheit aller Markteintritte nach ihrem relativen Zeitpunkt in der Unternehmensgeschichte ist in Tabelle 17 dargestellt.

Die Internationalisierungsschritte erfolgten bei den ältesten Unternehmen, die in der Periode vor 1946 gegründet wurden, im Durchschnitt (Median-Zeitpunkt) erst 60 oder mehr Jahre nach der Gründung, und zwar sowohl bei österreichischen als auch bei deutschen Unternehmen. – Bei den zwischen 1946 und 1989 gegründeten Befragten liegt der mittlere Zeitpunkt der Internationalisierung etwa 15 Jahre nach der Unternehmensgründung bei österreichischen, und etwa 25 Jahre danach bei deutschen Befragten. – Bei den jüngsten Unternehmen hingegen geschahen die meisten Auslandsmarkteintritte gleich nach der Gründung bzw. in den ersten zwei Jahren der Unternehmensgeschichte, und zwar sowohl bei österreichischen wie bei ausländischen Befragten.

Es kann somit als gesichert gelten, dass die Auslandsorientierung umso früher einsetzt, je rezenter ein Unternehmen ist bzw. je später es gegründet wurde.

Tab. 17: Verteilung der Auslandsmarkteintritte nach dem Zeitabstand zur Unternehmensgründung (österr. und ausländ. Befragte gesondert)

	Hauptsitz Österreich						Hauptsitz D / SK / CZ					
	Gründungsperiode d. Unternehmen						Gründungsperiode d. Unternehmen					
relative Zeitpunkte der Auslandsmarkt-Eintritte	bis 1945		1946 - 1989		1990 - 2003		bis 1945		1946 - 1989		1990 - 2003	
	N	%	N	%	N	%	N	%	N	%	N	%
sofort = im Gründungsjahr			6	35,3	8	80,0					10	100,0
1 - 2 J. nach Gründung					13	130,0			1	33,3	11	110,0
3 - 5 J. nach Gründung			5	29,4	3	30,0			1	33,3	3	30,0
6 - 9 J. nach Gründung			7	41,2							2	20,0
10-14 J. nach Gründung			7	41,2	1	10,0	1	12,5	1	33,3		
15-20 J. nach Gründung	3	30,0	8	47,1			1	12,5				
21-30 J. nach Gründung	3	30,0	11	64,7					2	66,7		
31-60 J. nach Gründung	5	50,0	8	47,1			3	37,5	2	66,7		
61-300 J. nach Gründung	18	180,0					25	312,5				
Gesamt	10	100,0	17	100,0	10	100,0	8	100,0	3	100,0	10	100,0

Quelle: eig. Befragung 2003.

Erläuterungen zu Tab. 17:
Die Daten in den „N"-Spalten sind die Absolutzahlen der Markteintritte; ausgenommen in der Zeile „Gesamt", wo in den „N"-Spalten die Zahl der Unternehmen pro Gründungsperiode steht. Die Summe aller Markteintritte pro Gründungsperiode ist nicht angegeben, sie ergibt sich aber durch Addition der Absolutzahlen in den Zeilen darüber.
Die %-Zahlen beziehen sich auf die Zahl der Unternehmen der jeweiligen Gründungsperiode; z. B. drückt ein Wert von 130,0 aus, dass die in der jeweiligen Periode gegründeten Industrieunternehmen im genannten Zeitintervall ab Unternehmensgründung in durchschnittlich 1,3 Auslandsmärkte eingetreten sind.

Zum Schluss dieses Abschnitts soll die Frage erörtert werden, ob sich das Instrumentarium der Auslandsmarkteintritte in den letzten Jahren geändert hat. Die folgende Tabelle illustriert den Zusammenhang zwischen Zeitpunkt und Typ der Markteintritte (zusammengefasst zu 6 Typen; vgl. hierzu Tab. 15).

Tabelle 18: Auslandsmarkteintritte der Industrieunternehmen nach zusammengefassten Typen und Zeitpunkt (österr. u. ausländ. Befragte zusammen)

Zeitpunkt d. Markt-eintritts	einfacher Markteintritt: nur Export		einfacher Markteintritt ohne Export		2-3-Ebenen-Eintritt mit Export		2-3-Ebenen-Eintritt ohne Export		mehrphasiger Eintr., Beginn mit Export		mehrphasiger Eintr., Beginn ohne Export		Gesamt (100 % der Zeile)
	N	%	N	%	N	%	N	%	N	%	N	%	N
vor 1955	1	20,00	0	---	0	---	0	---	4	80,00	0	---	5
1955-69	7	77,78	0	---	0	---	0	---	1	11,11	1	11,11	9
1970-74	5	45,45	2	18,18	0	---	0	---	3	27,27	1	9,09	11
1975-79	3	60,00	0	---	0	---	0	---	2	40,00	0	---	5
1980-84	13	72,22	0	---	1	5,56	0	---	4	22,22	0	---	18
1985-89	8	80,00	2	20,00	0	---	0	---	0	---	0	---	10
1990-94	21	55,26	7	18,42	6	15,79	1	2,63	1	2,63	2	5,26	38
1995-99	36	73,47	6	12,24	6	12,24	1	2,04	0	---	0	---	49
2000-03	22	91,67	1	4,17	1	4,17	0	---	0	---	0	---	24
Gesamt	116	68,64	18	10,65	14	8,28	2	1,18	15	8,88	4	2,37	169

Quelle: eig. Befragung 2003 (N = 169: nur Markteintritte mit vollständigen Zeitangaben).

Aus Tabelle 18 ergibt sich, dass sich das „Instrumentarium" des Markteintritts in den vergangenen Jahrzehnten in mehrfacher Hinsicht geändert hat: Einerseits treten in den letzten Jahren ab etwa 1990 vermehrt Markteintritte auf, die völlig ohne Export auskommen; komplementär dazu treten mehrphasige Eintritte in letzter Zeit nicht mehr auf (vgl. Abb. 7). Das letztgenannte Phänomen ist aber auch dadurch bedingt, dass ein vollständiges Phasenmodell längere Zeiträume zu seiner Durchführung (und zur nachträglichen Verifizierung) erfordert.

Da sich mehrere Trends überlagern, lässt sich mit den Verfahren der assoziativen Tabellenanalyse kein statistischer Nachweis für Verschiebungen der Markteintrittstypen im Zeitablauf erbringen.

Abb. 7: Auslandsmarkteintritte der Industrieunternehmen nach zusammengefassten Typen und Zeitraum (österr. u. ausländ. Befragte zusammen)

Quelle: eig. Befragung 2003.

4.4. Die Auslandsmarktpräsenz der österreichischen Industrieunternehmen differenziert nach Zielmärkten

In diesem Abschnitt wird die Verteilung des Auslandsengagements auf Ländermärkte untersucht. Hier wird nur das Raummuster der bearbeiteten Märkte dargestellt; eine tiefer gehende Analyse der Markteintritte erfolgt in Kap. 5.

Eine Referenzierung auf die ausländische Vergleichsgruppe muss bei dieser Frage wegen deren geringer Fallzahl leider unterbleiben. Daher wird in diesem Abschnitt nur das Verhalten der österreichischen Befragten analysiert.

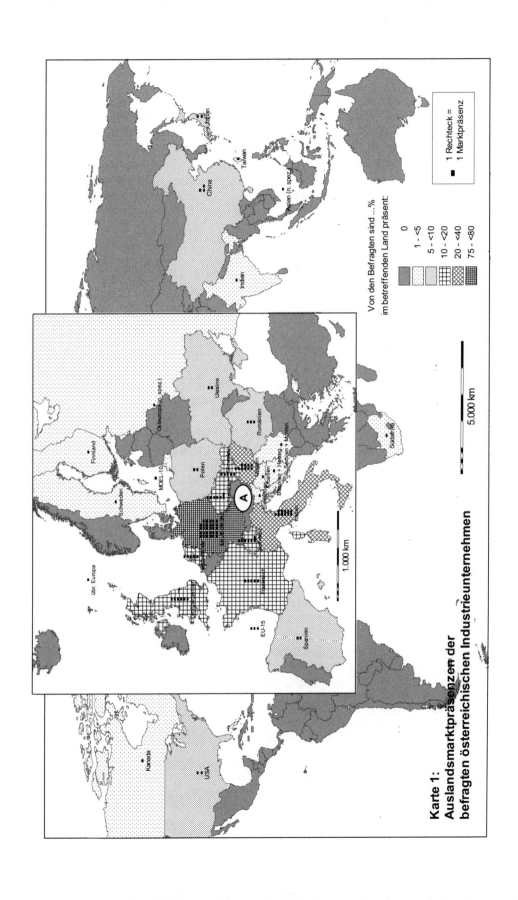

Karte 1:
Auslandsmarktpräsenzen der
befragten österreichischen Industrieunternehmen

Die Karte 1 stellt zwei Sachverhalte der Internationalisierung dar: als Absolut-signatur (in Form von Abzähldiagrammen) die Zahl der berichteten Auslands-markteintritte, und in Flächentönen den relativen „Vertretungsgrad" der befrag-ten Unternehmen auf den einzelnen Auslandsmärkten.

• Die wichtigsten Auslandsmärkte der befragten österreichischen Industrieun-ternehmen liegen in Europa: Vor allem ist es der – zum Zeitpunkt der Befragung noch auf 15 Mitgliedsstaaten beschränkte – EU-Raum, und hier wieder beson-ders die Nachbarländer Deutschland, Italien und Schweiz. Zu diesen „traditio-nellen westlichen Nachbarn" sind in den letzten Jahren die „drei neuen Nach-barn im Osten und Norden" (Ungarn, Tschechien, Slowakei) dazugekommen.

• Gemessen an der Zahl der berichteten Markteintritte hat Ungarn in der Stichprobe gleiches Gewicht wie Italien, Tschechien ist der Schweiz ebenbürtig, die Slowakei liegt auf einer Ebene mit Großbritannien, Frankreich und den Nie-derlanden. Mit den genannten drei zentraleuropäischen Ländern stehen die ös-terreichischen Unternehmen also bereits in ähnlich intensiver Wirtschaftsbezie-hung wie mit den wichtigsten westlichen Handelspartnern; nur in Deutschland ist die Marktpräsenz noch um ein Mehrfaches stärker.

• Ein wesentlich geringeres Auslandsengagement ergibt sich für die Stichpro-be in den beiden Transformationsländern Polen und Slowenien, im ferneren Osteuropa (Ukraine, Russland) sowie in Südosteuropa (Kroatien, Bosnien-H., Serbien); nur Rumänien hebt sich etwas heraus. – Bulgarien, Mazedonien, Al-banien, Moldawien und die baltischen Staaten wurden nicht als Märkte genannt.

• Etwa ebenso häufig wie in Ost- und Südosteuropa engagieren sich die be-fragten Unternehmen im Fernen Osten, wobei dort am häufigsten China, da-nach Japan, Taiwan, Indien und sonstige asiatische Länder genannt wurden. Der nordamerikanische Markt fällt demgegenüber deutlich ab. Lateinamerika fehlt in der Stichprobe völlig, Afrika ist nur mit einer einzigen Nennung vertreten (Südafrika).

Tab. 19 vergleicht das Raummuster der erhobenen Marktpräsenzen mit jenem aller Kapitalbeteiligungen im Ausland (Ende 2002) und der Exporte Österreichs:

Tabelle 19: Auslandsmarkt-Verteilung der befragten Unternehmen im Ver-gleich mit den Auslands-Kapitalbeteiligungen und Exporten Österreichs

Zielländer	N Markteintritte	N Kapitalbeteiligungen	österr. Exporte 2003
Deutschland	24,6 %	14,7 %	31,9 %
Italien + Schweiz	15,3 %	7,6 %	14,1 %
Frankreich + Niederlande + Großbrit.	13,6 %	8,2 %	10,9 %
übriges westl. Europa (EU-15, EFTA)	6,8 %	7,3 %	8,8 %
Ungarn + Slowakei + Tschech. Rep.	18,6 %	32,8 %	8,6 %
Slowenien, Südosteuropa, Rumänien	5,9 %	10,9 %	6,0 %
Polen, Baltikum, Osteuropa (GUS)	5,1 %	7,4 %	4,2 %
Asien, Australien	6,8 %	4,5 %	7,8 %
Nordamerika	2,5 %	4,0 %	5,9 %
Lateinamerika (inkl. Karibik)	0,0 %	2,2 %	0,7 %
Afrika	0,8 %	0,4 %	1,0 %

Quellen: Markteintritte lt. eig. Befragung, 2003; Kapitalbeteiligungen lt. OeNB-Daten (Dell'Mour 2004a,b); Exporte lt. Statist. Jahrbuch Österreichs 2005, S. 389.

Das in der Stichprobenerhebung auftretende weltweite Raummuster der Markteintritte liegt also durchaus im Rahmen der Summendaten der österreichischen Außenwirtschaftsstatistik.

5. Zusammenhang zwischen Markteintrittsform und Zielmarkt

Nunmehr soll die eingangs spezifizierte Hauptfrage der Untersuchung erörtert werden: Gibt es eine Abhängigkeit der Markteintrittsformen vom Zielmarkt?

Zur Beantwortung dieser Frage wird für die wichtigsten Zielmärkte das zeitliche und instrumentelle Muster der Markteintritte analysiert. Bei den „Zielmärkten" handelt es sich allerdings nur im Fall von Deutschland um ein einziges Land; in den übrigen Fällen werden wegen der geringen Fallzahl mehrere benachbarte Länder oder ganze Kontinente zu einem Zielmarkt zusammengefasst (vgl. oben 4.4).

Zunächst wird der bivariate Zusammenhang graphisch illustriert (Abb. 8); danach wird die Frage mit den Mitteln statistischer Tabellenanalyse beantwortet.

Abb. 8: Erhobene Auslandsmarktpräsenzen österreichischer Industrieunternehmen nach zusammengefassten Eintrittstypen und Zielmärkten

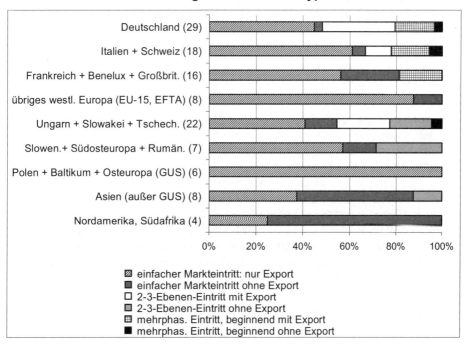

Quelle: eig. Befragung 2003.

Erläuterung: Zahlen in runder Klammer = Anzahl analysierter Markteintritte (insgesamt 118).

Die Balkengraphik (Abb. 8) lässt erkennen, dass bei den österreichischen Industrieunternehmen tatsächlich unterschiedliche Markteintrittsformen und -verläu-fe je nach Zielmarkt auftreten:

- **Die großen westeuropäischen Zielmärkte** *(D, I, CH, F, NL, GB):*
Nur in diesen Ländern sind, wohl auf Grund der langjährigen Präsenz auf diesen Märkten, Phasen-Abfolgen der Marktbearbeitung festzustellen: mehrphasige Markteintritte machen etwa 20 % aus. Ein weiteres Charakteristikum ist, dass der Typ „Mehrebenen-Eintritt ohne Export" in diesen Ländern überhaupt nicht vorkommt. – Neben diesen Gemeinsamkeiten gibt es aber mehrere Unterschiede zwischen diesen Zielmärkten:

- *Deutschland:* Dieser für die österreichische Industrie immer noch wichtigste Auslandsmarkt wird nur relativ selten (zu 45 %) mit alleinigem Export bearbeitet. Auch Kooperationen oder Zweigwerke oder Kapitalbeteiligung ohne eine zweite Maßnahme sind sehr selten. Mehr als die Hälfte der Marktpräsenzen wurden über Mehrebenen- und/oder Mehrphasen-Eintritte realisiert, wobei Export praktisch immer beteiligt ist.

- *Italien und Schweiz:* Das Spektrum der angewandten Marktbearbeitungsformen ist gleich wie für den deutschen Markt, allerdings ist alleiniger Export häufiger (60 %).

- *Frankreich, Benelux, Großbritannien:* In diesen Ländern treten nur drei Typen von Markteintritten auf. Obwohl auch hier alleiniger Export vorherrscht, ist der Anteil anderer einfacher Markteintritte (Kooperation / Zweigwerk / Kapitalbeteiligung) mit 25 % höher als den übrigen europäischen Zielmärkten, wobei in der Stichprobe vor allem Kapitalbeteiligungen vorkommen.

- *Die übrigen westeuropäischen Zielmärkte* (in der Stichprobe v. a. Spanien, Schweden) werden nur mit einfachen Eintrittsformen, ganz überwiegend Export allein, bearbeitet.

- **Zentraleuropa und Südosteuropa:** Diese beiden Ländergruppen haben bei den österreichischen Industrieunternehmen in punkto Markteintrittstyp die Gemeinsamkeit, dass Marktpräsenzen ohne Export relativ häufig vorkommen (35 bzw. 45 %). – Im Detail gibt es folgende makroregionale Besonderheiten:

- *In den „drei neuen Nachbarländern"* (HU, SK, CZ) praktizieren österreichische Industrieunternehmen einen recht vielfältigen Mix von Markteintrittsinstrumenten. Alleiniger Export ist seltener als auf den bisher genannten Zielmärkten. In einem Fall lässt sich schon ein mehrphasiges Vorgehen feststellen.

- *In Südosteuropa (Rumänien, ehemaliges Jugoslawien)* kommt zwar alleiniger Export wieder häufiger vor, aber Mehrebenen-Markteintritte mit Export gar nicht; relativ häufig sind Mehrebenen-Eintritte in einer Kombination von Kooperation mit Zweigwerk oder Kapitalbeteiligung.

- **Osteuropa:** Diese Zielmärkte, zu denen auch Polen gehört, werden von den befragten Unternehmen zu 100 % ausschließlich mit Exporten bearbeitet.

- Auf den **Übersee-Märkten** (in der Stichprobe: Asien, Nordamerika und Südafrika) wenden die österreichischen Industrieunternehmen ein völlig anderes Muster der Marktbearbeitung als auf den europäischen Märkten an: in Übersee dominieren Markteintritte ohne Exporte, während Exporte entsprechend zurücktreten. Gewisse großräumige Unterschiede scheinen zu bestehen, und zwar:

- *Auf den asiatischen Märkten (China inkl. Taiwan, Japan, Indien u.a.)* beträgt der Anteil der Nicht-Export-Markteintritte ca. zwei Drittel (64 %), es überwiegen einfache Markteintritte v. a. durch Kooperationen. Es gibt aber auch Mehrebeneneintritte ohne Export, wie sie sonst nur in Südost- und Zentraleuropa vorkommen.

- *Nordamerika und Südafrika:* Die wenigen berichteten Präsenzen auf diesen Übersee-Märkten gehören durchwegs zum Typ der einfachen Markteintritte, wobei aber der Anteil der ausschließlichen Exporte mit einem Viertel am geringsten von allen Zielmärkten ist.

Mit Hilfe der folgenden Tabelle 20 soll die Frage beantwortet werden, ob die dargelegten Unterschiede zwischen den Zielmärkten statistisch signifikant sind.

Tab. 20: Erhobene Auslandsmarktpräsenzen österreichischer Industrieunternehmen nach zusammengefassten Eintrittstypen und Zielmärkten

Zielmarkt	einfacher Markteintritt: nur Export		einfacher Markteintritt ohne Export		2-3-Ebenen-Eintritt mit Export		2-3-Ebenen-Eintritt ohne Export		mehrphas. Eintritt, Beginn mit Export		mehrphas. Eintritt, Beginn ohne Export		Gesamt (100 % der Zeile)
	N	%	N	%	N	%	N	%	N	%	N	%	N
Deutschland	13	44,8	1	3,4	9	31,0	0	---	5	17,2	1	3,4	29
Italien, Schweiz	11	61,1	1	5,6	2	11,1	0	---	3	16,7	1	5,6	18
Frankreich,Niederld, Großbrit.	9	56,3	4	25,0	0	---	0	---	3	18,8	0	---	16
übr.westl.Europa (EU-15, EFTA)	7	87,5	1	12,5	0	---	0	---	0	---	0	---	8
Ungarn, Slowakei, Tschech.	9	40,9	3	13,6	5	22,7	4	18,2	0	---	1	4,5	22
Südosteuropa (ehem. YU, Rum.)	4	57,1	1	14,3	0	---	2	28,6	0	---	0	---	7
Osteuropa (Polen, GUS)	6	100,0	0	---	0	---	0	---	0	---	0	---	6
Asien (China, Japan, sonst.)	3	37,5	4	50,0	0	---	1	12,5	0	---	0	---	8
Nordamerika, Südafrika	1	25,0	3	75,0	0	---	0	---	0	---	0	---	4
Gesamt	63	53,4	18	15,3	16	14,0	7	5,9	11	9,3	3	2,5	118

Quelle: eig. Befragung 2003; eig. Typisierung, eig. Berechnungen mit SPSS.

Maßzahlen der statistischen Assoziation:

Richtungsmaße (abhängige Variable = Typ des Markteintritts)	Wert	Signifikanz
Lambda	0,055	0,364
Goodman-und-Kruskal-Tau	0,137	0,000
Unsicherheitskoeffizient	0,234	0,001

Wegen der gerichteten Fragestellung und des nominalen Meßniveaus der Daten werden als Maßzahlen nur nicht-symmetrische Richtungsmaße herangezogen. Die Berechnung ergibt, dass nach zwei von drei Maßzahlen (Goodman & Kruskal's Tau, Unsicherheitskoeffizient) eine signifikante Abhängigkeit des Markteintrittstyps vom Zielmarkt besteht (Signifikanz <0,05). Der vermutete Zusammenhang ist damit statistisch nachgewiesen, die dargelegten Besonderheiten der Marktbearbeitung der einzelnen Zielmärkte sind nicht zufällig.

Eine inhaltliche Erklärung, warum in welchen Zielmärkten welche Markteintrittsvarianten angewandt werden, geht über die eingangs dargelegte Fragestellung hinaus. Die Beantwortung bleibt künftigen Untersuchungen vorbehalten.

6.   Zusammenfassung

Die Auswertung einer im Wintersemester 2003/04 durchgeführten Befragung österreichischer Industrieunternehmen über ihr Internationalisierungsverhalten erfolgte vor dem Hintergrund des Phasenmodells mit der explorativen Zielsetzung, Besonderheiten des Markteintritts im Ausland festzustellen, welche einzelnen Zielmärkten zugeschrieben werden können.

Nach Überprüfung der Repräsentativität der Stichprobe wurden verschiedene Analysen durchgeführt, die zu folgenden Erkenntnissen führten:

a) Die österreichischen Industrieunternehmen sind laut dieser Erhebung in höherem Maße internationalisiert als deutsche, was mit den Ergebnissen der europaweiten ENSR-Studie 2003 übereinstimmt.

b) Die Internationalisierung setzte bei der Mehrzahl der österreichischen Befragten erst nach 1989 ein, etwas später als bei den deutschen.

c) Die Unternehmen bearbeiten ihre Auslandsmärkte nicht bloß mit Export, sondern wenden in zunehmendem Maße andere Formen des Markteintritts an: Kooperationen verschiedener Art, Auslandsproduktion, Kapitalbeteiligung (FDI). Manche Befunde deuten darauf hin, dass die Internationalisierung in Industrieunternehmen anders abläuft bzw. konfiguriert ist als in Dienstleistungsfirmen.

d) Das von zahlreichen Autoren postulierte Phasenmodell der Internationalisierung lässt sich nur in wenigen Fällen nachweisen. Dies liegt nicht nur am kurzen Beobachtungszeitraum, sondern auch daran, dass relativ häufig mehrere Markteintrittsformen gleichzeitig auf demselben Auslandsmarkt praktiziert werden, was in der vorliegenden Arbeit als „Mehrebenen-Eintritt" bezeichnet wird.

e) Mittels Detail-Analyse der angewandten Marktbearbeitungsmaßnahmen im Zeitablauf wird eine empirische Typologie der Markteintritte erarbeitet: es wurden insgesamt 22 Varianten festgestellt, die sich zu 6 Typen gruppieren lassen.

f) Die abschließende Analyse nach Zielmärkten ergibt, dass es tatsächlich länderspezifische Unterschiede hinsichtlich Form und Verlauf der Markteintritte und damit in der Marktpräsenz gibt. Diese Unterschiede sind statistisch signifikant, ein Einfluss des Zielmarkts auf das Internationalisierungsverhalten ist damit nachgewiesen. Eine inhaltliche Erklärung dieser Unterschiede wäre natürlich interessant, würde jedoch eine gesonderte Untersuchung erfordern.

Literatur- und Quellenverzeichnis

Berekoven, L. (1978): Internationales Marketing. Wiesbaden, Gabler.

Dell'Mour, R. (2004a): Direktinvestitionen Österreichs – Ergebnisse der Befragung 2001 und Entwicklung ausgewählter Indikatoren. In: Berichte und Studien, hg. v. d. Oesterr. Nationalbank, H. 4 /2003, Wien 2004, S. 73-87.

[Dell'Mour 2004b] OeNB (Hg.): Österreichische Direktinvestitionen im Ausland und ausländische Direktinvestitionen in Österreich, Stand per Ende 2002. Statistisches Monatsheft der Oesterr. Nationalbank, H. 6/2004, Wien 2004, 48 S.

Dunning, J.H. (1980): Towards an Eclectic Theory of International Production: Some Empirical Tests. In: Journal of International Business Studies, Vol. 11, No. 1, S. 9-31.

ENSR Enterprise Survey 2003, Internationalisation (Part A). Report submitted to the Enterprise Directorate-General of the European Commission. Luxembourg : Office for Official Publications of the European Communities, 2004 (Series „Observatory of European SMEs 2003")

[Enterprise Publication 2003/4] Internationalisation of SMEs. Edited by the Enterprise Directorate-General of the European Commission. Luxembourg : Office for Official Publications of the European Communities, 2004 (= Observatory of European SMEs, 2003, No 4). – Hier zitiert nach der offiziellen dt. Übersetzung: http://www.europa.eu.int/comm/enterprise/enterprise_policy/analysis/doc/smes_observa tory_2003_report4_de.pdf

[LSE 2002a] Leistungs- und Strukturstatistik 2002 : Produktion einschl. Bauwesen. Wien, Statistik Austria 2004.

[LSE 2002b] Leistungs- und Strukturstatistik 2002 : Produktion und Dienstleistungen. Wien, Statistik Austria 2004

Macharzina, K./Welge, M.K. (Hg., 1989): Handwörterbuch Export und Internationale Unternehmung. Stuttgart, Poeschel.

ÖSTERREICHS AUSSENWIRTSCHAFT 2002/03. Hg. v. Bundesministerium für Wirtschaft und Arbeit. Wien 2003.

ÖSTERREICHS AUSSENWIRTSCHAFT 2003/04. Hg. v. Bundesministerium für Wirtschaft und Arbeit. Wien 2004.

Perlitz, M. (2004): Internationales Management. Stuttgart, Lucius & Lucius, 5. Aufl.

Rainer, N. (2005): Arbeitsstättenzählung 2001: Unternehmen und ihre Arbeitsstätten. In: Statistische Nachrichten 2005 (60. Jg. N. F.), H. 1, S. 47-57.

Springer, R. (2005): Internationales Marketing. Aufgaben und Methoden im Außenhandelsmanagement. Wien, Facultas, 7. Aufl.

Statistisches Jahrbuch Österreichs 2005, hg. v. Statistik Austria. Wien, Dezember 2004

UNCTAD [UNITED NATIONS CONFERENCE ON TRADE AND DEVELOPMENT] (2002): World Investment Report 2002 : Transnational Corporations and Export Competitiveness. United Nations, New York and Geneva.

UNCTAD (2003): Handbook of Statistics. United Nations, New York and Geneva.

UNCTAD (2004): World Investment Report 2004 : The Shift towards Services. United Nations, New York and Geneva.

Wind, Y./Douglas, S.P./Perlmutter, H.V. (1973): Guidelines for Developing International Marketing Strategies. In: Journal of Marketing, Vol. 37, No. 2, S. 38-46.

Zentes, J./Morschett, D./Schramm-Klein, H. (Hg., 2004): Außenhandel. Marketingstrategien und Managementkonzepte. Wiesbaden, Gabler.

Kroatien und die europäische Integration (*)

Peter JORDAN (Wien)

Ziel des Beitrags ist der Aufweis der wesentlichen Charakteristika des Landes und der Nation, vor dem Hintergrund eines künftigen EU-Beitritts Kroatiens.

Erstes Charakteristikum ist die kulturräumliche Zweiteilung in Binnenland (pannonisches Becken) und Küstenkroatien (in jeder Hinsicht mediterran), die durch die kaum besiedelte „zentrale Peripherie" des Hochkarsts im Dinarischen Gebirge getrennt sind. Beide Landesteile haben sich seit dem 9. Jahrhundert (erster kroatischer Staat) ganz unterschiedlich entwickelt; z. B. sind Massenemigration und Tourismus nur in Küstenkroatien prägend. Die Adriaküste besitzt für alle Kroaten hohen Symbolwert. In spätvenezianischer und österreichischer Zeit ökonomisch vernachlässigt, hat sie nach dem 2. Weltkrieg durch Verkehrs- u. a. öffentliche Investitionen stark aufgeholt.

Als wichtigstes Bindeglied und Hauptmerkmal kroatischer Identität wird der Katholizismus herausgestellt. Charakteristika der Außenbeziehungen Kroatiens sind: (1) Abwehrhaltung gegenüber dem „Balkan", auch gegenüber der neuen Wortprägung „Westbalkan"; (2) politische Achse zum deutschen Sprachraum – daher sind Auslands-Direktinvestitionen aus Österreich und Deutschland vorherrschend; (3) deutliche Orientierung auf die USA, wo mehr als die Hälfte der 2,3 Millionen Auslandskroaten leben.

Croatia and European Integration

The paper attempts to identify the essential characteristics of Croatian territory and nation, against the background of Croatia's future on entering the European Union.

The first characteristic pointed out is the cultural geographic bipartition into interior (part of the Pannonian Basin) and coastal Croatia (Mediterranean in all respects), separated by the almost unpopulated 'central periphery' of the High Karst / Dinaric mountains region. The two parts have developed, since the 9th century (AC, first Croatian state) quite differently; e. g., massive emigration and tourism are phenomena of the coastland only. The Adriatic coast is of high symbolic value for all Croats. The coast, economically neglected in times of late Venetian and Austrian rulers, did recover after World War II, due to transport infrastructure and other public investment.

Catholicism is pointed out as the most important unifying link and main feature of Croatian identity. Main characteristics of the foreign relations of Croatia are: (i) a repulsive attitude against the Balkans, also against the recently coined term 'West Balkans'; (ii) a strong political axis with German speaking countries – actual FDIs are coming predominantly from Austria and Germany; (iii) a remarkable orientation towards the U.S.A. where more than the half of the 2.3 million Croats abroad live.

(*) Überarbeitete Fassung eines Vortrags im „Kolloquium Raum und Wirtschaft" an der Wirtschaftsuniversität Wien, 10. 3. 2004.

73

1. Vorwort

Es geht in diesem Beitrag um das Aufzeigen der kroatischen Identität und der Identität des Landes. Was kennzeichnet Kroatien und die kroatische Nation? Was bringt Kroatien an Spezifika schon jetzt und nach seinem wahrscheinlichen Beitritt zur Europäischen Union (EU) im Jahr 2007 nach Europa ein? Daneben geht es auch um das Aufzeigen der regionalen und europäischen Verflechtungen Kroatiens. Wie ist Kroatien in die unmittelbare Nachbarschaft und in das weitere Europa eingebunden? Es geht im weitesten Sinn darum, das Land und die Nation in seiner/ihrer Position in Europa zu „verstehen".

2. Kulturräumliche Heterogenität

Das erste wichtige Charakteristikum Kroatiens ist seine kulturräumliche Heterogenität. Die erst 1944 in ihrer heutigen Form entstandene politische Einheit setzt sich aus Gebieten mit sehr unterschiedlicher Geschichte zusammen. Sie waren in der Vergangenheit verschiedenen politischen Mächten zugeordnet und kulturellen Einflüssen ausgesetzt.

Diese kulturräumliche Heterogenität wird aber wohl auch durch die naturräumlichen Verhältnisse, v. a. durch die Reliefverhältnisse, vorgezeichnet (vgl. Abb. 1).

Kroatien ist von Natur aus deutlich dreigeteilt in den adriatischen Küstensaum, in den Hochkarst mit der Innenzone des Dinarischen Gebirges und in den Anteil am Pannonischen Becken. Der Hochkarst mit der Innenzone des Dinarischen Gebirges wirkt wie eine Barriere zwischen den beiden anderen, wirtschaftlich aktiveren, Teilen, stellt eine Art zentraler Peripherie dar. Er erreicht Höhen bis über 1700 m, ist bis zu 80 km breit und wenig verkehrsgängig, dünn besiedelt und eine wirtschaftliche Passivzone, die durch die Konflikte in den Jahren 1991 - 1995 weiter zurückgefallen ist.

Diese natürlichen Gegebenheiten bildeten den Schauplatz einer geschichtlichen Entwicklung, welche die Unterschiede verstärkte. Die Adriaküste war schon zur Römerzeit gut erschlossen. Es gab dort zahlreiche römische Städte wie Pola [Pula], Tarsatica [Rijeka], Iader [Zadar], Salonae [Solin, hinter Split], Epidaurum [Cavtat bei Dubrovnik]. Später unterstand sie Ostrom und Byzanz und war von Romanen bevölkert, die Vulgärlatein, später Dalmatisch sprachen – eine ostromanische Sprache, die schrittweise vom Venezianischen abgelöst wurde, aber erst im 19. Jh. endgültig verklungen ist (siehe HAARMANN 2002). Auch das Hinterland war römisch, oströmisch und von Byzanz her verwaltet, aber weit weniger erschlossen. Mit der großen Slawenwanderung im 6./7. Jh. wurde zwar

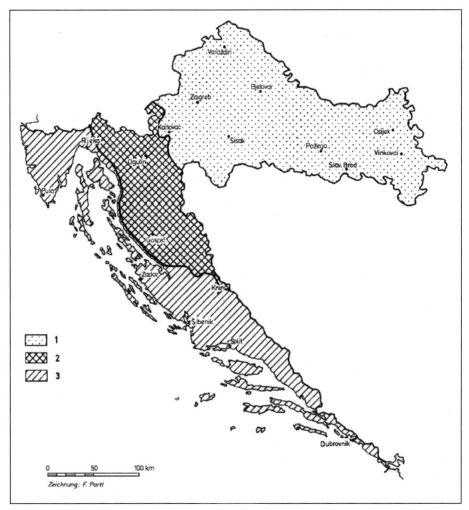

Abb. 1: Naturräumliche Gliederung. 1 = Pannonisches Becken, 2 = Hochkarst und Innenzone des Dinarischen Gebirges, 3 = Adriatischer Küstensaum

auch die Küste ein Teil des slawischen Siedlungsraumes, doch blieben dort die romanischen Küstenstädte dominant.

Bezeichnenderweise entstand 852 auch der erste kroatische Staat (der chronologisch zweite Slawenstaat nach dem der Bulgaren) an der nördlichen Küste und nicht im heutigen kroatischen Zentralraum um Zagreb. Denn man konnte dort an die römische und poströmische Infrastruktur anknüpfen und war den Völkerstürmen des Pannonischen Beckens, zu dieser Zeit v. a. den Awaren, nicht so ausgesetzt. An der Küste tat sich damals außerdem eine Art Machtvakuum auf zwischen dem vom Nordwesten her expandierenden Frankenreich Karls des Großen und dem politisch zurückweichenden Byzantinischen Reich.

Nach einer Allianz mit den Franken und der Niederlage der Awaren konnte König Tomislav diesen Staat im Jahr 925 ins Binnenland erweitern, und bis 1070 wurde auch das ganze heutige Slawonien und Bosnien dazugewonnen. Er erreichte damit die größte Ausdehnung eines kroatischen Staats vor dem jetzigen in der Geschichte, wenn man vom episodischen Ustaša-Staat im Zweiten Weltkrieg absieht. Er wird daher in der heutigen kroatischen Geschichtsschreibung entsprechend gewürdigt. König Tomislav gilt als eine der wichtigsten historischen Gestalten der Kroaten.

Ab der zweiten Hälfte des 10. Jh. gewannen die im Pannonischen Becken sesshaft gewordenen Ungarn Einfluss auf das kroatische Binnenland, ab dem 13. Jh. Venedig auf die Küste. Diese beiden externen Mächte verstärkten mit ihren bis in das 19. bzw. 18. Jh. wirkenden Einflusszonen die kulturräumlichen Unterschiede zwischen Küstensaum und Binnenland.

In Binnenkroatien dominierten die Ungarn politisch von 1091 (Personalunion mit Kroatien) bis 1526 (Schlacht von Mohács) und dann wieder ab dem Ausgleich zwischen Österreich und Ungarn (1867). Dabei beließen sie den Kroaten immer eine ansehnliche innere Autonomie, deren Symbole der Fürst [ban], der Landtag [sabor] und der eigene kroatische Adel waren. Auch der kulturelle Einfluss Ungarns auf die Kroaten blieb bis zum Ausgleich begrenzt. Ethnische Ungarn haben sich auf kroatischem Gebiet kaum angesiedelt, und das Ungarische drang nicht auf Kosten der slawischen Idiome vor. Denn Ungarn verstand sich bis ins 19. Jh. als multinationaler Staat und bewahrte bis 1848 das Lateinische als Amtssprache. Erst nach dem Ausgleich 1867 entstand im „ungarischen Nebenland" Kroatien und Slawonien ein stärkerer Magyarisierungsdruck, der auch zu entsprechenden antimagyarischen Reaktionen unter den Kroaten führte. Dennoch war auch in der langen Phase relativ milder ungarischer Einflussnahme eine Orientierung des kroatischen Binnenlandes auf den ungarischen Zentralraum hin gegeben, die es den mitteleuropäischen Lebensweisen annäherte.

Der Küstensaum gelangte ab ca. 1200 schrittweise unter die Herrschaft Venedigs. Venedig wurde ab ca. 1000 eine im Sinne des lateinischen Westens agierende politische Macht, die auf Seehandel ausgerichtet war und zur Sicherung ihrer Seerouten in die Levante auch nach Stützpunkten an der östlichen Adriaküste suchte. Ab dem frühen 13. Jh. erwarb sie die meisten Küstenstädte (1202 Zara [Zadar], 1204 Ragusa [Dubrovnik], 1327 Spalato [Split], 1412 Sebenico [Šibenik], 1420 Cattaro [Kotor]). Erst viel später, im 17. Jh. nach dem Zurückweichen der Osmanen, stößt Venedig auch ins Hinterland vor, auch da nur geringfügig im mittleren Dalmatien. Venedig beherrschte den Küstensaum mit Ausnahme der ab 1322 souveränen Adelsrepublik Ragusa bis 1797, also rund sechs Jahrhunderte. Die lange Herrschaft Venedigs bedeutete für die kroatische Küste die Bewahrung der Romanität zumindest in den Städten und wirkte sich auf Sozialstruktur, bauliche und Siedlungsentwicklung prägend aus. Die Stadtbevölkerung bestand aus venezianischem Adel und venezianischem Bürgertum und aus Slawen (Kroaten), die sich an dieses assimiliert hatten. Kroaten, andere Slawen und auch Balkanromanen (Vlachen) bildeten die Landbevölkerung. Die venezianischen Grundherren konservierten eine spezielle Form der Leibeigenschaft, das Kolonat, v. a. in Dalmatien. Der starke venezianische Einfluss ist bis heute v. a. auch in der Baukunst zu erkennen. Der Typ der venezianischen Stadt prägt von Poreč (westl. Istrien) bis Budva im heutigen Montenegro nach wie vor die Kulturlandschaft. Die Seefahrt (nicht erst seit der Herrschaft Venedigs, aber durch Venedig wesentlich gefördert) erzeugte Weltoffenheit, Sprachgewandtheit, gewandten Umgang mit Fremden (eine Grundlage des heutigen Tourismus), wohingegen im Binnenland eine bäuerliche, auf das eigene Dorf, die engere Gemeinschaft ausgerichtete Lebensweise vorherrschte.

Nach dem politischen Ende Venedigs (1797) übernahm Österreich die venezianischen Besitzungen an der Küste und behielt sie – nach einem französischen Intermezzo (1806 - 1815) – bis 1918. Es konservierte im Wesentlichen die vorgefundene Sozialstruktur und änderte auch wenig an den sprachlichen Verhältnissen. Es blieb bei einer venezianischen Oberschicht und dem venezianischen Feudalsystem. Auch die Romanität zumindest der Städte blieb im Wesentlichen erhalten. Das Venezianische, jetzt ein Dialekt des Italienischen, blieb die wichtigste Verkehrssprache.

In der Zwischenkriegszeit, nach dem Zerfall der Monarchie, erhielt sich dieser Zustand durch einige italienische Besitzungen (u. a. Zara [Zadar]), durch den Verbleib der Italiener (Venezianer) und die politischen Einwirkungen des nationalistischen Italien.

Im Zweiten Weltkrieg kulminierte der italienische Einfluss durch politische Dominanz des faschistischen Italien auch an der östlichen Adriaküste und durch italienischen Nationalismus. Dies schlug unmittelbar danach ins Gegenteil um: Italiener flüchteten oder wurden vertrieben. Sie verschwanden damit bis auf eine Restminderheit, v. a. auf Istrien [Istra]. Die Romanität der Küste verlor damit ihr ethnisches Substrat, blieb ansonsten aber im Kulturraum sichtbar und spürbar. Italienische Sprachkenntnisse und romanische Lebensart waren auch unter der kroatischen Bevölkerung so verbreitet gewesen, dass sie selbst nach dem Exodus der meisten Italiener erhalten blieben.

Naturraum und Geschichte bewirken also eine deutliche Zweiteilung des Landes in Küstensaum und Binnenland. Einer in jeder Hinsicht mediterranen Küste steht ein mitteleuropäisch anmutendes Hinterland gegenüber.

3. Relatives Gewicht der beiden Landesteile

Von den beiden Landesteilen hat heute Binnenkroatien das größere Gewicht; sowohl der Fläche (56 %), als auch der Bevölkerungszahl (68 %, Volkszählung

2001) und der Wirtschaftskraft (investiertes Kapital 2000: 83 %) nach. Auch die Hauptstadt Zagreb (2001: 682.000 Einwohner, 15 % der Staatsbevölkerung) liegt dort und bildet mit Sisak und Karlovac den Zentralraum und Hauptverkehrsknoten des Landes.

Küstenkroatien hat aber nach dem Zweiten Weltkrieg stark aufgeholt. Es befand sich in der späten venezianischen und in der österreichischen Periode noch in einer wirtschaftlich peripheren Position. Vor allem Dalmatien, viel weniger das Österreichische Küstenland im Norden, das von Triest [Trieste] als dem Haupthafen der Monarchie profitierte, war im 19. Jh. sehr heruntergekommen und neben Galizien eine Hauptquelle der österreichischen Auswanderung. Im zweiten Jugoslawien wurde der adriatische Küstensaum zur Entwicklungsfront erklärt. Unter der Parole der Litoralisierung wurde der Ausbau der Küste zur zweiten Hauptachse des Staates (neben dem Save [Sava]-Morava-Korridor) vorangetrieben. Dies geschah wie überall im Lande erstens durch Industrialisierung, dem wirtschaftlichen Leitbild des Kommunismus entsprechend. Ein besonderer Entwicklungsschwerpunkt an der Küste war jedoch die Verbesserung der Verkehrsinfrastruktur; erstens durch das Heranführen von Bahnen an die Küste (1948 Ausbau der Unabahn, der Verbindung von Zagreb und Split, 1955 Bahn bis Raša auf Istrien, 1967 Bahnanschluss von Zadar), zweitens durch den Ausbau der Küstenstraße [Jadranska magistrala]. Diese bestand schon vor dem Zweiten Weltkrieg von Rijeka bis Novi Vinodolski, wurde aber im kommunistischen Jugoslawien bis Montenegro [Crna Gora] verlängert. Ab ca. 1960 wurden die größeren Inseln durch Autofähren oder Brücken an die Küstenstraße angeschlossen. Sie erhielten auch ein eigenes festes Straßennetz, das die frühere Küstenschifffahrt ersetzte. Dieser Straßenausbau wurde eine wesentliche Grundlage des Tourismus. Auch die Häfen wurden ausgebaut, in Kroatien v. a. Rijeka, das zu Ende der 1980er Jahre 20 Mill. t Umschlag verzeichnete, heute nur noch die Hälfte.

Besonders wichtig für die Küste wurde die Entwicklung des Tourismus. Schon in den 1950er Jahren war es anders als in allen anderen kommunistischen Staaten zu einer Öffnung für westliche Touristen gekommen. Zu Ende der 1960er Jahre setzte ein massiver öffentlicher Investitionsschub ein, der im wesentlichen die heutige Struktur bestimmte. Sie war die eines sehr saisonalen Massentourismus mit dem vorherrschenden Motiv der Erholung am Meer und mit großen Hotels, aber auch einem größeren Anteil von Privatvermietung und Camping. Trotz fast völligen Zusammenbruchs des Tourismus während der jugoslawischen Zerfallskriege existiert fast dieselbe Form des Tourismus heute wieder, ohne die alten Mängel der kurzen Saison, im Durchschnitt relativ bescheidener Qualität und geringer Rentabilität v. a. der großen Betriebe abschütteln zu können. Deshalb verlief auch die seit ca. 2000 intensiv betriebene Privatisierung der großen Hotelkomplexe bisher sehr schleppend.

Auch im Bewusstsein der Kroaten hat die Küste ein überproportionales Gewicht. Viele Binnenkroaten arbeiten saisonal im Tourismus der Küste oder haben dort ein Wochenendhaus. Dubrovnik und Opatija sind noch vor Zagreb Wahrzeichen des Landes. Die Kroaten geben sich gern ein mediterranes Flair (z. B. in der Kleidung) und sehen im Tourismus der Küste ihre große wirtschaftliche Chance. Auch die Politik engagiert sich sehr, wenn es um die Küste geht. Dies äußert sich u. a. in Grenzstreitigkeiten um die Bucht von Piran (mit Slowenien) und um die Einfahrt in die Bucht von Kotor bzw. um die Halbinsel Prevlaka (mit Montenegro). Auch viele öffentliche Investitionen betreffen die Küste (Bildungseinrichtungen, Straßen und Autobahnen).

Die Auslandskroaten verstärken noch dieses Bild der adriatischen Orientierung. Insgesamt 2,3 Mill. Kroaten leben im Ausland (1/3 aller Kroaten), davon in den USA 1,3 Mill. (Pittsburgh, New York, Chicago, San Francisco sind wichtige "Kroaten"-Städte). Sie stammen zum größten Teil aus Dalmatien. Viele besuchen im Sommer zu den lokalen Kirchtagen ihre Heimatorte, um ihre Verwandten wieder zu treffen oder ihren Kindern und Enkeln die alte Heimat zu zeigen. Binnenkroatien, das vor dem Ersten Weltkrieg und in der Zwischenkriegszeit ein relativ wohlhabendes Landwirtschaftsgebiet war und daher wenig alte Auswanderung hatte, kennt dieses Phänomen dagegen kaum.

4. Weitere regionale Identitäten

Auch innerhalb der vorhin beschriebenen kulturräumlichen Zweiteilung Kroatiens gibt es noch weitere starke regionale Identitäten (Kulturregionen), wovon hier nur größere und wichtigere genannt sein sollen (vgl. Abb. 2).

Istrien [Istra] war historisch immer sehr eigenständig und versteht sich als multikulturelle Region (neben Kroaten auch Italiener und kleinere Minderheiten). Auch die Kroaten Istriens haben ein regionales Bewusstsein, das sich in einer regionalistischen Bewegung ausdrückt.

Dalmatien [Dalmacija] ist besonders venezianisch geprägt und war unter Österreich ein eigenes Kronland.

Slawonien [Slavonija] war politisch lange Zeit autonom und hat einen pannonischen Charakter.

Das **Hrvatsko zagorje** im nördlichen Hinterland von Zagreb versteht sich als das „eigentliche Kroatien"; die Bevölkerung spricht mit dem Kajkavischen einen eigenen, literaturfähigen Dialekt.

Die dinarische **Lika** besitzt als eine Hirten- und Grenzregion viele Eigenheiten im sozialen Bereich und im Lebensstil.

Abb. 2: Konventionelle Namen

5. Elemente nationaler Identität

Angesichts dieser kulturräumlichen Heterogenität des Landes sind die verbindenden Faktoren umso wichtiger, um die soziale Kohäsion und die staatliche und nationale Einheit zu bewahren. Sie werden daher in der Selbstdarstellung der Kroaten besonders betont, sind Teile des nationales Selbstbilds, auch eines ausgeprägten Nationalismus, der bei „jungen" Nationen (mit neuen Staaten) oft anzutreffen ist.

Das starke Nationalbewusstsein äußert sich z. B. im häufigen Hissen der Fahne und im Erklingen der Hymne bei jedem Ereignis von einiger Bedeutung.

Die gemeinsame Standardsprache Kroatisch wurde nach dem Zerfall Jugoslawiens sofort wieder zur einzigen Amtssprache erhoben, weil sie die drei auf kroatischem Gebiet gesprochenen Dialektgruppen (Kajkavisch, Čakavisch, Štokavisch) überlagert und so das Bindemittel in einer sehr heterogenen Sprachlandschaft darstellt (OKUKA 2002).

Auch der administrative Zentralismus muss als ein derartiges Bindemittel angesehen werden. Die Verwaltungsreformen 1993, 1996 und 1997 brachten keine wirkliche Dezentralisierung auf die regionale Ebene, aus Furcht vor zentrifugalen Kräften. Die (kleinen) Gemeinden sind aber sehr autonom.

Wichtigstes Bindeglied und Hauptmerkmal kroatischer Identität ist aber der Katholizismus. Die Kroaten werden daher in der EU (wie besonders auch die Polen, Slowaken und Malteser) die katholische Komponente verstärken. Die kompromisslose Zugehörigkeit zum westlichen Kulturkreis (zur lateinischen, heute katholischen Kirche) kennzeichnet die Kroaten von Anfang an. Sie öffneten sich der fränkischen Mission und wiesen die byzantinische Mission durch Kyrill und Method zurück. Im Mittelalter waren die Kroaten neben den Polen und Ungarn eine Frontnation des westlichen Christentums gegenüber dem byzantinischen Kulturkreis. Im 15. und 16. Jh. führten sie einen Abwehrkampf gegen das vordringende Osmanische Reich. Auf heute kroatischem und bosnischem Gebiet wogte die Front hin und her und kam es zu großen Verwüstungen, zur Aussiedlung (Evakuierung) von Kroaten nach Westungarn, Niederösterreich und Mähren und zur Flucht auf die Inseln. Noch heute findet sich auf einem großen Gebiet im Grenzraum von Kroatien und Bosnien keine Siedlung mit mehr als 30.000 Einwohnern. Die Kroaten sehen sich daher als ein Bollwerk der Christenheit („antemurum Christianitatis") und schreiben sich ein Hauptverdienst in der Abwehr des Osmanischen Reichs vom Zentrum Europas zu. Unter den Kroaten fasste die Reformation im Unterschied zu den Slowenen, einem Großteil Österreichs und Ungarns praktisch nicht Fuß.

Die katholische Identität zeigt sich heute in der regen Anteilnahme der Bevölkerung am kirchlichen Leben und in der starken öffentlichen Stellung der Kirche, die sich u. a. in umfangreichen Zeitungsberichten über Kirchenfeiern und im häufigen Auftreten von Politikern an der Seite kirchlicher Würdenträger und bei Kirchenfesten äußert. Die katholische Identität erscheint den Kroaten heute angesichts der geringen sprachlichen Unterschiede und des gemeinsamen Südslawentums besonders als Unterscheidungsmerkmal gegenüber den Serben wichtig.

6. Außenbeziehungen Kroatiens

Die westliche, mitteleuropäische Orientierung der Kroaten, die eine Konstante ihrer Geschichte ist, lässt sich auch in den aktuellen Außenbeziehungen Kroatiens verfolgen. Diese sind erstens gekennzeichnet durch eine Abwehrhaltung gegenüber dem „Balkan". Die Kroaten wollen „nicht schon wieder" ihr Schicksal mit den übrigen Südslawen teilen (z. B. erst gemeinsam mit ihnen in die EU aufgenommen werden). Es herrscht auch eine Aversion gegen den Ausdruck „Westbalkan" im Sinne von ex-Jugoslawien minus Slowenien plus Albanien.

Ein zweites wichtiges Kennzeichen der Außenbeziehungen Kroatiens ist die politische Achse zum deutschen Sprachraum. Die Kroaten fanden sich in der Geschichte zumeist auf der Seite der deutschsprachigen Staaten und mit deren Interessen gegenüber den historischen Hauptgegnern der Kroaten (Ungarn, Türken, Serben, Italiener) verbunden. Auch im Zerfallsprozess Jugoslawiens wurde Kroatien von dorther am meisten unterstützt. Dieses alte Naheverhältnis wirkt sich u. a. auf die Pflege des Deutschen als Fremdsprache aus. Deutschkenntnisse sind in Kroatien weit verbreitet, natürlich auch durch die Tradition der Gastarbeit (oft in deutschsprachigen Ländern) und den Tourismus, dessen Hauptquellgebiet traditionell ebenfalls die deutschsprachigen Länder waren. Man spricht (im Unterschied zu anderen Nationen mit guten Deutschkenntnissen) aber auch gern und bereitwillig Deutsch. Im Gegensatz zu den deutschsprachigen Ländern ist Frankreich, das als traditioneller Förderer Serbiens gilt, in Kroatien wenig populär.

Die besondere Bindung an die deutschsprachigen Länder, daneben auch an den Adriaraum, kommt auch in den Wirtschaftsbeziehungen, besonders in den ausländischen Direktinvestitionen, zum Ausdruck. Österreich und Deutschland nehmen darin die Spitzenpositionen ein.

Ein drittes wichtiges Merkmal der Außenbeziehungen Kroatiens ist die starke Orientierung auch auf die USA hin. Sie war schon im kommunistischen Jugoslawien augenscheinlich und erklärt sich (1) durch die vielen kroatischen Auswanderer in den USA (anteilig etwa gleich viele wie aus Polen); (2) die geopolitisch exponierte Lage, die einen starken militärischen Schutz erstrebenswert erscheinen lässt (den die EU noch nicht bieten kann) sowie (3) durch die Sorge vor Dominanz durch EU-Nachbarländer, v. a. durch Italien und Ungarn, die früher kroatisches Gebiet beherrscht haben. Kroatien wird daher sicher so wie Polen und fast alle neuen EU-Staaten die transatlantische Komponente der EU verstärken.

Quellen und Literatur

BOROVAC, I. (Hg.) (2002): Veliki atlas Hrvatske. Zagreb.

BUDAK, N. et al. (Hg.) (1995): Kroatien. Landeskunde – Geschichte – Kultur – Politik – Wirtschaft – Recht. Wien, Köln, Weimar.

HAARMANN, H. (2002): Lexikon der untergegangenen Sprachen. München.

JORDAN, P. (1986): Entwicklung des Eisenbahnnetzes [1: 2 000 000]. In: Atlas der Donauländer, hg. v. Österr. Ost- und Südosteuropa-Institut, Wien, Blatt 353.

JORDAN, P. (2002): Croatia. In: CARTER, F.W.; TURNOCK, D. (Hg.): Environmental Problems of East Central Europe. 2nd edition. London, New York, 330-346.

KLEMENČIĆ, M. (Hg.) (1993): A Concise Atlas of the Republic of Croatia & of the Republic of Bosnia and Hercegovina. Zagreb.

OKUKA, M. (Hg.) (2002): Lexikon der Sprachen des europäischen Ostens. = Wieser Enzyklopädie des europäischen Ostens, Bd. 10, Klagenfurt/Celovec.

NEJAŠMIĆ, I. (1991): Depopulacija u Hrvatskoj. Korijeni, stanje, izgledi. Zagreb.

REGAN, K. (Hg.) (2003): Hrvatski povijesni atlas. Zagreb.

WEBER, J. (2002): Kroatien. Regionalentwicklung und Transformationsprozesse. Stuttgart (Mitteilungen der Geogr. Ges. in Hamburg, Bd. 92).

Flugdestinationen im Globalisierungsprozess –
am Beispiel Ost- und Südostasiens

Rudolf JUCHELKA (Duisburg)

Der Autor behandelt die Rolle des Luftverkehrs in der Globalisierung, die Wechselwirkungen zwischen beiden und die Abhängigkeit von Flugdestinationen, wobei Ost- und Südostasien näher untersucht werden.

Eingangs wird „Globalisierung" als Prozess mit sechs wesentlichen Aspekten definiert und ein allgemeines Schema der Einflussfaktoren des Verkehrsgeschehens präsentiert. Danach wird Ost- und Südostasien als Weltregion mit großen demographischen und wirtschaftlichen Disparitäten und stärkstem Wirtschaftswachstum vorgestellt.

Die Globalisierung des Luftverkehrs seit etwa 1970 wird anhand der Entwicklung der transkontinentalen Passagierströme verdeutlicht; die stärkste Zunahme war auf den Relationen mit Ost- und Südostasien. Auch die Prognosen der Flugzeugbauer für die nächsten 20 Jahre attestieren dieser Weltregion, zusammen mit Lateinamerika, die stärkste Verkehrszunahme.

Die Netz- und Destinationsentwicklung wird zunächst aus betriebswirtschaftlicher Sicht der Fluggesellschaften erklärt (O&D Management), wobei die Rolle strategischer Allianzen – manifestiert im ‚Code-sharing' der Airlines – betont und für Ost- und Südostasien exemplifiziert wird. Auch die Sicht der Flughäfen wird eingebracht: Im Untersuchungsraum ist der hohe Frachtanteil am Luftverkehr auffällig, und es gab spektakuläre Aus- und Neubauten.

Die Erklärung der Destinationsentwicklung wird vervollständigt durch Darstellung des Wirtschaftsbooms im südchinesischen Perlfluss-Delta bei Guangzhou [Kanton], wo bereits beträchtliche Teile der globalen Konsumgüterproduktion konzentriert sind.

Flight Destinations in the Globalization Process – the case of East and Southeast Asia

The author investigates the role of air transport within the framework of globalization, their mutual dependence, and the determinants of flight destinations, using East and Southeast Asia as study area.

At the outset, globalization is defined as a process with 6 main aspects, and a general model of determinants of transportation is presented. Then, East & SE Asia is characterised as a world region with strong demographic and economic disparities, and of very high economic growth.

The globalization of air transport is illustrated by showing the evolution of transcontinental passenger traffic since 1969 – the highest increase occurring on the routes to East & SE Asia. Forecasts for the next 20 years published by the aircraft industry assign the highest increase to that very region, together with Latin America.

The shaping of the flight destination network is first explained from the economic point of view of companies (origin & destination management), stressing the role of strategic alliances, as manifest in the code-sharing of the airlines – the latter phenomenon being illustrated for East & SE Asia. Also the point of view of airports is considered: In the region under study the share of air freight traffic is remarkably high, and several spectacular new airports have been built.

The explanation of destination development is completed by describing the economic boom in the Southern Chinese region of Guangzhou [Canton] where a steadily growing proportion of world consumer goods production is located.

1. Einleitung

> „Wäre alles zur selben Zeit, gäbe es keine Entwicklung. Befände sich alles
> am gleichen Ort, könnte es keine Eigenart geben. Erst der Raum macht
> das Besondere möglich, das sich in der Zeit dann entfaltet". (LÖSCH
> 1962/1940)

Diese These zur Diversität des Raumes stellte der regionalwirtschaftlich ausgerichtete Nationalökonom August LÖSCH 1940 in seinem Buch „Die räumliche Ordnung der Wirtschaft" auf. Er verweist damit programmatisch und grundlegend auf das hier vorzustellende Themenfeld von räumlichen Interaktionsbeziehungen und Raumüberwindung durch Verkehr.

Der Luftverkehr stellt heute für den Menschen – abgesehen von der derzeit noch nicht allgemein-öffentlich zugänglichen Raumfahrt – die schnellste Möglichkeit zum räumlichen Austausch, und somit zum Ortswechsel, insbesondere bei größeren Entfernungen dar. Und seit der Einführung des Düsenflugzeugs Ende der 1950er Jahre in Verbindung mit dem Bau von Großraumjets ergeben sich zunehmend für viele Bevölkerungsschichten Möglichkeiten zum Ortswechsel in globaler Dimension.

Im Mittelpunkt dieses Beitrags stehen vor diesem Hintergrund die Wechselbeziehungen und raumgestaltenden Prozesse von Globalisierung und Flugdestinationen aus geographischer Perspektive. Die Interdependenzen unterschiedlicher Erdräume werden dabei beispielhaft am Quell-Ziel-Gebiet Ost- und Südostasien verdeutlicht. Kernfragen der Darstellung sind:

- Welche Rolle spielt der Luftverkehr in der Globalisierung?

- Welche räumlichen Wechselwirkungen bestehen zwischen beiden?

- Welche prozessleitenden Faktoren bestimmen Flugdestinationen?

- Welche Strategien ergeben sich zur Optimierung des Destinationsnetzes in globaler Perspektive?

Gerade die modellhafte Betrachtung der Destinationsplanung anhand des südost- und ostasiatischen Raumes besitzt dabei aktualgeographische Bezüge, wie sie in den folgenden Presse- bzw. Unternehmensschlagzeilen sichtbar werden:

„Die Lufthansa entdeckt Asien neu – Flugangebot nach Peking ausgeweitet"
(„Welt", 22.07.2003)

„Austrian Airlines Group nimmt Shanghai, Singapur und Almaty neu ins Lang-
streckennetz auf und verstärkt Asien- und Australien-Flüge"
(Austrian Airlines Group, 3.12.2003)

„Lufthansa fliegt Wirtschaftszentren Charlotte und Kanton ab München an"
(Lufthansa, 10.12.2003)

„Mit Lufthansa viermal wöchentlich ins Herz Malaysias nach Kuala Lumpur"
(Lufthansa, 17.12.2003)

2. Theoretische Zugänge

Theoretische Zugänge zur Problemstellung ermöglichen die Anwendung verschiedener Betrachtungsperspektiven: Bei einem fachsystematischen Ansatz
stehen die Perspektiven der Verkehrs- und Wirtschaftsgeographie im Mittelpunkt. Die Verkehrsgeographie analysiert Verkehr als räumliches Erschlie-
ßungssystem und als Angebots-Nachfrage-System im Raum, die Wirtschaftsgeographie ermöglicht durch die Anwendung des Globalisierungs-Ansatzes die
Identifizierung von wirtschaftsräumlichen Verflechtungsmustern. Aus methodo-
logischer Sichtweise können sowohl der idiographische Ansatz mit der Ausrichtung auf jeweilige Einzigartigkeiten in der Raumstruktur als auch der nomotheti-
sche Ansatz mit der verallgemeinernden Betrachtung von Regelhaftigkeiten
Anwendung finden.

Verkehr kann grundsätzlich definiert werden als ziel- und zweckgerichtete Bewegung von Menschen und Gütern (einschließlich Informationen) im Raum.
Dem Verkehr fällt dabei die Aufgabe zu, den Raum den jeweiligen Anforderun-
gen und Zielvorgaben entsprechend zu erschließen. Dabei ist eine Vielzahl von
Faktoren prozesssteuernd wirksam:

- Technisches Leistungspotenzial der Strecken
- Fähigkeit zur Netzbildung
- Frequenzen
- Sicherheit
- Zuverlässigkeit
- Schnelligkeit.

Die Verknüpfung dieser gestaltenden und gestaltbaren Faktoren mit den jeweiligen Raumeigenschaften verdeutlicht beispielsweise VOPPEL:

„So bleibt die Erkenntnis, dass die räumliche Erschließung durch den Verkehr unter Berücksichtigung des jeweils gegebenen konkreten Raumgefüges auf der Grundlage ökonomisch gesteuerter Entscheidungen und Gesetzmäßigkeiten gestaltbar ist." (VOPPEL 1980, S. 38)

Entsprechend diesem Ansatz beschäftigt sich die Verkehrsgeographie in ihrer traditionellen Ausrichtung mit den konkreten räumlichen Problemen der Verkehrserschließung und den räumlichen Wirkungen von Verkehrswegen, Verkehrsträgern und Verkehrsmitteln – und damit mit einer spezifischen Form der Nutzbarmachung der Erde. Sie berücksichtigt die verschiedenen konkurrierenden Verkehrsmittel, die technische Entwicklung der wirtschaftsräumlichen Strukturen und Verflechtungen, die die Raummuster kontinuierlich verändern und somit einen Prozess-Charakter besitzen. Somit werden – gerade auch im Verkehr – ständig wirtschaftliche, politische und planerische Entscheidungen zur Anpassung an jeweils neue räumliche Situationen notwendig.

Im Gegensatz zum bisher dargestellten genetischen Ansatz der raumerschließenden Funktion des Verkehrs setzt der in den 1980er Jahren von SCHLIEPHAKE (1987 u. 1996) entwickelte Ansatz einen anderen Schwerpunkt: Er betrachtet Verkehr als Angebot-Nachfrage-System im Raum und stellt damit den mit ökonomischen, d.h. volks- und betriebswirtschaftlichen Kategorien begründbaren Zusammenhang zwischen Verkehrsabläufen und standörtlichen bzw. allgemein räumlichen Strukturen dar; vgl. Abb. 1, nächste Seite.

Beim Verkehrsangebot unterscheidet man zwischen Quantität und Qualität von Verkehrsmitteln und -wegen. Elemente der Qualität des Verkehrssystems sind:

- Bequemlichkeit,
- Schnelligkeit,
- Häufigkeit,
- Berechenbarkeit,
- Sicherheit und
- Netzbildungsfähigkeit.

Abbildung 1: Verkehr als Angebot-Nachfrage-System im Raum
Fig. 1: Transportation as a supply-demand system in space
Quelle: eig. Darstellung ergänzt n. SCHLIEPHAKE 1987, S. 201

NUHN (1994) baut auf diesem Ansatz auf und fasst die Einflussfaktoren des Verkehrsgeschehens und ihre wechselseitigen Verflechtungen in Form eines Kreis-Netz-Diagramms zusammen; siehe Abb. 2 (nächste Seite).

Abbildung 2: Ausgewählte Einflussfaktoren des Verkehrsgeschehens
Fig. 2: Selected factors influencing transportation intensity
Quelle: eig. Darstellung ergänzt n. NUHN 1994, S. 262

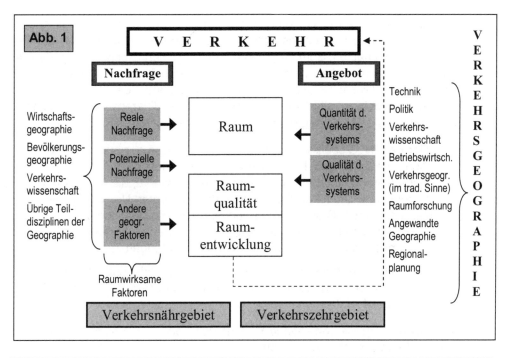

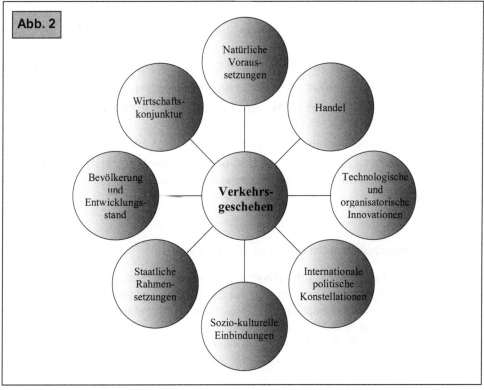

Aus der Perspektive der Wirtschaftsgeographie ist der Globalisierungs-Ansatz als grundlegend für Interaktionsverflechtungen, wie sie im Luftverkehr realisiert werden, einzuschätzen. SCHAMP (1996 u. 1997) definiert Globalisierung als eine neue Form der weltweiten Vernetzung bzw. als neue Phase der Integration der Weltwirtschaft. Dieser Definitionsansatz ist allerdings für die vorliegende Themenstellung noch zu allgemein, so dass auf eine differenziertere Begriffeingrenzung wie sie WIESE vorgenommen hat, zurückgegriffen wird:

> „Der Begriff „Globalisierung" bezeichnet Prozesse der außerordentlichen Zunahme von Interaktionen von transnationaler Dimension. Globalisierung schafft weltumspannende Netzwerke, die sich bis auf die regionale und lokale Ebene auswirken, oft unter ‚Umgehung' des Nationalstaates. Globalisierung verstärkt die Interdependenzen zwischen Wirtschaftsblöcken, Ländern und Regionen. Sie erleichtert […] die Mobilität von Kapital, Menschen und Einrichtungen. […]
>
> Die Welt, insbesondere die Kernregionen der ‚Triade' und die ‚Global Cities', werden zu einem interaktiven, interagierenden System." (WIESE 2001, S. 9)

Verschiedene, für die vorliegende Fragestellung als grundlegend zu bewertende Aspekte werden hier bereits genannt:

• die transnationale Dimension,
• die Generierung weltumspannender Netzwerke und damit ein Integrationsansatz,
• das Zusammenspiel zwischen globaler Dimension und regionalen Wirkungen,
• die Zunahme von – nicht nur räumlichen – Interdependenzen,
• Aspekt der Mobilität von Menschen, Gütern, Informationen und Einrichtungen und
• die Standortagglomeration in sog. Global Cities (vgl. SASSEN 1996).

Diese Merkmalsausprägungen werden bei den folgenden Darstellungen aufgegriffen und als konstituierende Elemente des Globalisierungs-Ansatzes herangezogen.

3. Untersuchungsraum Ost- und Südostasien

Der ost- und südostasiatische Raum kann insbesondere durch zwei Eigenschaften charakterisiert werden: Zum einen die starken sozio-ökonomischen und bevölkerungsgeographischen Disparitäten, zum anderen die hohe wirtschaftsräumliche Entwicklungsdynamik.
Eine von BLOTEVOGEL entwickelte Kartenserie verdeutlicht diese Aspekte (Abb. 3, a – c).

Abb. 3: Ost- und Südostasien in drei Kartendarstellungen:
a) flächentreue Darstellung
b) bevölkerungsproportionale Darstellung
c) wirtschaftskraftproportionale Darstellung

Fig. 3: East and Southeast Asia on different maps:
    a) true area map
    b) country areas proportional to size of population
    c) country areas proportional to economic output

Entwurf: H. BLOTEVOGEL; Kartographie: U. Overbeck

(Abb. 3 = Faltkarte)

Die Standarddarstellung (Abb. 3a) greift das gewohnte Bild des Untersuchungs-raums auf und stellt die Staaten proportional zu ihrer Flächengröße dar.

Die beiden nachfolgenden Karten stellen in Form sogenannter geometrischer Figurenkarten jeweils einen thematischen Aspekt flächenproportional dar:

Wenn man die Staaten proportional zu ihrer Bevölkerungszahl darstellt (Abb. 3b), treten vor allem die Volksrepublik China, Indonesien und Japan hervor.

Wenn man jedoch die Staaten proportional zu ihrer absoluten Wirtschaftsleis-tung darstellt (Abb. 3c), wird das dominante wirtschaftliche Gewicht Japans deutlich.

Damit werden im Vergleich die in Ost- und Südostasien vorhandenen Unter-schiede der Bevölkerungsdichte und der Wirtschaftsleistung extrem augenfällig.

Die wirtschaftsräumlichen Disparitäten in Südost- und Ostasien lassen sich be-sonders gut anhand von geometrischen Flächensignaturen-Kartogrammen (Ab-bildung 4) verdeutlichen. Jedes rechteckige Diagramm besitzt vier Aussage-dimensionen:
– die Höhe zeigt das BIP pro Kopf an (Wohlstandsindikator),
– die Breite zeigt die Einwohnerzahl (potentielle Marktgröße),
– die Fläche des Rechtecks zeigt das BIP absolut (derzeitiges Marktvolumen),
– und durch die Flächenfarbe wird das Wirtschaftswachstum im letzten Jahr-zehnt dargestellt; siehe Abb. 4 (nächste Seite).

Die Bedeutung Japans, die Wachstumsdynamik Chinas sowie die Sonderrolle der Kleinst- bzw. (ehemaligen) Stadtstaaten fällt dabei besonders auf und gibt erste Hinweise auf Wachstumszentren bzw. -regionen, die gerade auch für luft-verkehrliche Destinationsplanung und Anbindungen von Interesse sind.

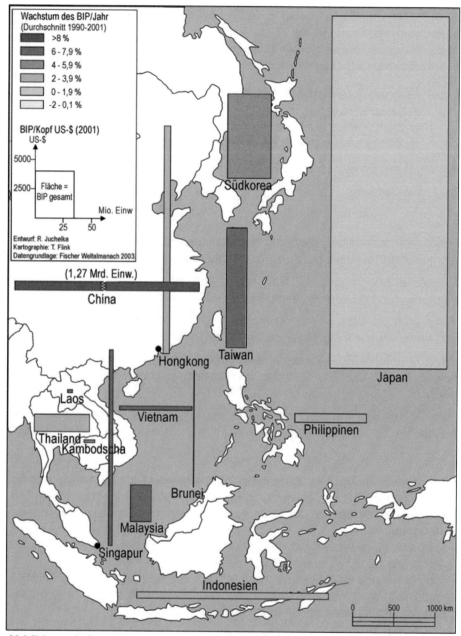

Abbildung 4: Bevölkerung, Wirtschaftskraft und Wirtschaftswachstum ausgewählter Staaten in Ost- und Südostasien

Fig. 4: Population, economic output and economic growth of selected countries in East & Southeast Asia

Datenquelle: Fischer Weltalmanach 2003; Entwurf: R. JUCHELKA; Kartographie: T. Flink
  (BIP-Wachstum Taiwan Ø 1990-2001 (6,0 %) korrigiert lt. UNCTAD 2003, Tab. 7.2)

4. Globalisierung und Luftverkehr

Die Wechselbeziehungen zwischen Globalisierung und Luftverkehr scheinen nur auf den ersten Blick in Zusammenhang mit relativ aktuellen weltwirtschaftlichen Prozessen und Verflechtungen seit den 1990er Jahren zu stehen. Vielmehr muss die raumüberwindende Fähigkeit des Luftverkehrs im weltweiten Maßstab im Zusammenhang mit der langfristigen technologischen Entwicklung und der damit verknüpften Reichweitenvergrößerung betrachtet werden. So verdeutlicht bereits die folgende Darstellung aus FOCHLER-HAUKE (1972, S. 82) die weltumspannenden Luftverkehrsbeziehungen im Jahr 1969, einem Zeitpunkt, zu dem die Globalisierun gsdiskussion sicherlich noch nicht – zumindest nicht unter diesem Namen – geführt wurde; vgl. Abb. 5.

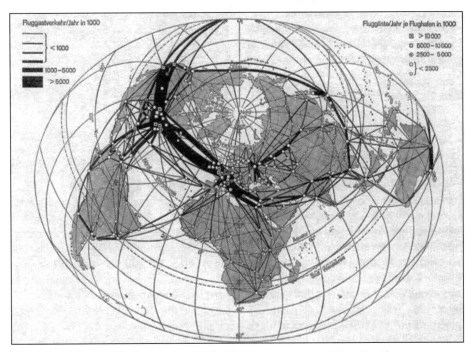

Abbildung 5: Weltluftverkehr 1969: Flugstrecken und Destinationen
Figure 5: World air traffic in 1969 – Flight routes and destinations
Quelle: FOCHLER-HAUKE 1972, S. 82

Die Kartendarstellung lässt deutlich die damals bedeutendsten Luftverkehrsachsen erkennen: die transatlantische Verbindung Europa – Nordamerika, inneramerikanische Verbindungen zwischen Ostküste und Westküste sowie von Europa in den Nahen Osten bzw. Vorderen Orient. Gleichwohl können aber auch schon Verkehrsbeziehungen in den asiatischen Raum identifiziert werden.

In einer aktuelleren Darstellung der Luftverkehrsströme im Linienverkehr 1999 wird zwischen (intra)regionalen und interkontinentalen Verkehrsbeziehungen in globaler Perspektive differenziert. Laut dieser Karte entfallen etwa 29 Prozent aller weltweiten Luftverkehrsströme auf innernordamerikanische Flugbewegungen, ebenso fällt auf, dass der asiatische Raum (ohne Nahost) mit etwa 29 Prozent (regional + interkontinental) als Start- bzw. Zielgebiet am Weltluftverkehr beteiligt ist; vgl. Abb. 6.

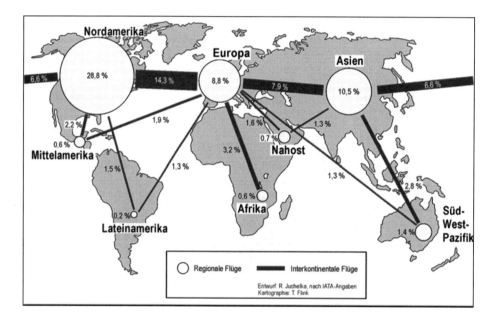

Abbildung 6: Luftverkehrsströme im Linienverkehr 1999: Anteile am Weltluftverkehr
Figure 6: Traffic flows of scheduled flights in 1999 – Percentages of world air traffic
Entwurf: R. JUCHELKA, nach IATA-Angaben; Kartographie: T. Flink

Ergänzt man diese Betrachtungsweise noch um den für die Globalisierungsdiskussion wesentlichen Aspekt der sog. Global Cities (vgl. SASSEN 1996), so zeigt sich bei einer Analyse der weltweiten wöchentlichen Hin- und Rückflüge die Bedeutung spezifischer Global Cities bzw. Mega-Städte im asiatischen Raum, beispielsweise Tokio, Hongkong, Bangkok und – weniger direkt zu vermuten – Djakarta; vgl. Abb. 7.

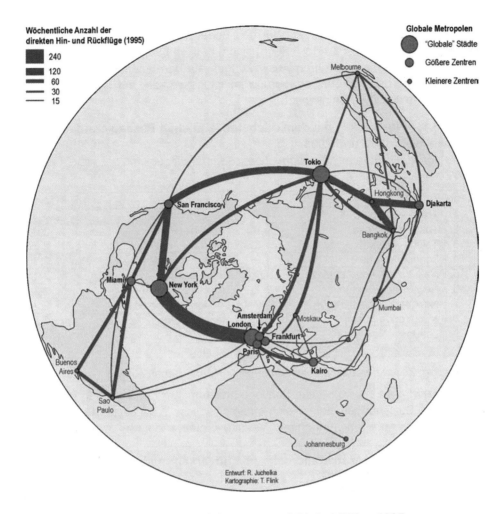

Abbildung 7: Luftverkehrsbeziehungen und Global Cities 1995

Fig. 7: Air traffic routes and global cities in 1995

Entwurf: R. JUCHELKA, n. THOREZ 2003, S. 12; Kartographie: T. Flink

Die folgende Tabelle (Tab. 1) greift den Destinationsaspekt konkreter auf, indem sie die Flugstrecken mit dem höchsten jährlichen Passagieraufkommen im Vergleich der Jahre 2001 und 1992 gegenüberstellt: Während noch 1992 drei japanische Inlands-Verbindungen die Rangliste anführten [1], ansonsten europäisch-amerikanische und inneramerikanische Streckenabschnitte dominierten, lagen 2001 fünf der zehn passagierstärksten Flugrouten innerhalb des asiati-

---

[1] Die Bedeutung dieser Strecken wird dadurch noch augenfälliger, wenn man bedenkt, dass die führenden japanischen Fluggesellschaften ANA und JAL auf diesen Inlands-Kurzstrecken mit Flugdauern unter einer Stunde Großraumflugzeuge vom Typ Boeing 747 mit einer maximal für diesen Flugzeugtyp zulässigen Bestuhlungsdichte von 550 Paxen [550 Passagieren] einsetzen.

schen Raums. Erklärungsfaktoren für den Bedeutungsrückgang der innerjapanischen Strecken (vgl. FELDHOFF 2000) sind u.a. die japanische Wirtschaftskrise in den 1990er Jahren mit ihren Auswirkungen auf den innerjapanischen Flugverkehr sowie die Verkehrsverlagerung im Inlandsverkehr auf Hochgeschwindigkeitszüge des Typs Shinkansen.

Tabelle 1: Flugstrecken mit dem höchsten jährlichen Passagieraufkommen weltweit, 1992 und 2001

Table 1: Flight routes with the highest passenger traffic volume per year, 1992 and 2001

Rang	im Jahr 1992	Mio.	im Jahr 2001	Mio.
1.	Tokio – Sapporo	7,5	Hongkong – Taipeh	4,1
2.	Tokio – Fukuoka	5,5	London – Paris	3,6
3.	Tokio – Osaka	3,9	London – New York	2,6
4.	London – Paris	3,1	London – Dublin	2,5
5.	New York – Los Angeles	3,0	Kuala Lumpur – Singapur	2,3
6.	New York – Boston	2,9	Honolulu – Tokio	2,3
7.	New York – Washington	2,9	London – Amsterdam	2,2
8.	New York – Miami	2,6	Seoul – Tokio	2,2
9.	London – New York	2,5	Bangkok – Hongkong	1,9
10.	Los Angeles – San Francisco	2,4	Hongkong – Tokio	1,9

Quelle: eig. Zusammenstellung nach Angaben von JAL – Japan Airlines

Differenziert man die weltweiten Luftverkehrsströme im Passagierverkehr nach regionalen Beziehungen, zeigen sich unterschiedliche Wachstumsraten, wie sie der folgenden Abbildung entnommen werden können (Abb. 8).

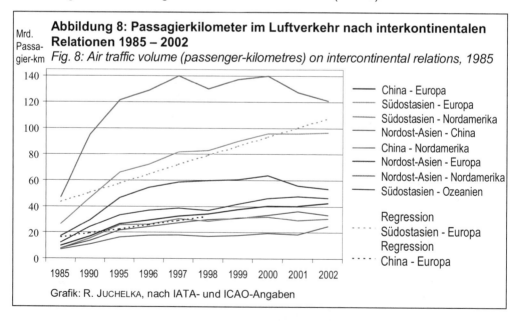

Abbildung 8: Passagierkilometer im Luftverkehr nach interkontinentalen Relationen 1985 – 2002

Fig. 8: Air traffic volume (passenger-kilometres) on intercontinental relations, 1985

Grafik: R. JUCHELKA, nach IATA- und ICAO-Angaben

Eine Trendanalyse der Zeitreihen in Form einer linearen Einfachregression – in Abbildung 8 dargestellt durch die gepunkteten Geraden – der Luftverkehrsströme Südostasien–Europa und China–Europa verdeutlicht dabei die Wachstumstendenzen mit Bezug zu asiatischen Destinationen.

Die Anfälligkeit dieser Wachstumstendenzen für Störungen ist aber ebenfalls ein Merkmal globaler Verflechtungen: So waren die Auswirkungen der Lungenkrankheit SARS im Frühjahr und Sommer 2003 besonders auch im asiatischen Luftverkehr zu spüren (vgl. Abbildung 9). Beispielsweise verzeichnete der Flughafen Hongkong im Mai 2003 70 % weniger Passagiere als im Vorjahr, und die Hongkonger Premium-Fluggesellschaft Cathay Pacific beförderte ebenfalls im Mai 2003 täglich nur 5.000 bis 9.000 Fluggäste, ein Jahr zuvor wurden im Vergleichsmonat noch 28.000 bis 35.000 Passagiere täglich befördert.

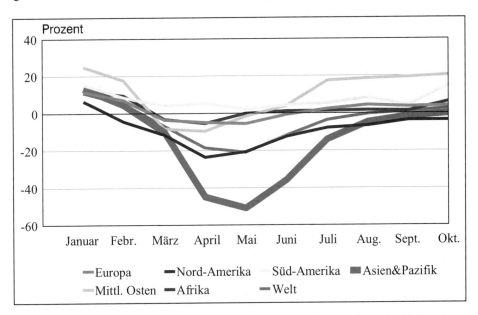

Abbildung 9: Passagierkilometer 2003 (Januar – Oktober) nach Weltregionen: Änderungen zum Vorjahr in Prozent
Fig. 9: Passenger-kilometres in 2003, for world regions: percentage changes to previous year
Grafik: R. JUCHELKA, nach IATA-Angaben

5. Die Perspektive der Flugzeugindustrie

Der Weltmarkt der Flugzeughersteller im Segment der Flugzeuge über 100 Sitzplätzen wird von zwei Firmen dominiert: dem amerikanischen Hersteller

Boeing und dem europäischen Konzern Airbus als Teil des EADS-Konsortiums. Beide Hersteller veröffentlichen jährlich Prognosen zur Entwicklung des weltweiten Luftverkehrs, die durchaus auch vor dem Hintergrund der eigenen Absatzerhöhung zu bewerten sind, die allerdings große Ähnlichkeiten zu den unabhängigen IATA-Prognosen aufweisen. Die Prognose des Boeing-Konzerns ist dabei im Vergleich zur Airbus-Vorhersage etwas defensiver ausgerichtet und soll deshalb im Folgenden herangezogen werden. So werden für den Südost- und Nordost-Asien-Verkehr jährliche Steigerungen von über fünf Prozent erwartet, für die Raume Südwest-Asien und China sogar etwa sieben Prozent, in allen asiatischen Teilregionen liegt damit die Wachstumsvorhersage über dem weltweiten Durchschnitt; vgl. Abb. 10.

Abbildung 10: Prognose des Boeing-Konzerns zur Entwicklung von BSP und Passagierkilometern 2003 – 2022 (Wachstum pro Jahr in %)
Fig. 10: The Boeing Company Forecast of GDP and Revenue passenger-kilometres, 2003 – 2022 (percentage annual increase)

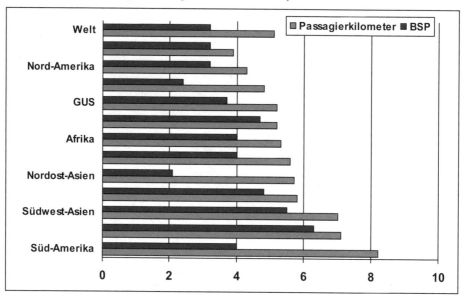

Grafik: R. JUCHELKA, nach Boeing-Angaben

Als herausragende Neuentwicklung der Flugzeugindustrie ist in diesem Zusammenhang der mit seinem Erstflug für 2006 geplante neue Großraum-Airbus A 380 mit weit über 500 Sitzplätzen auf zwei Flugdecks zu erwarten. Von den ca. 130 Festbestellungen (Airbus-Angaben von Mitte 2004) wurden fünfzehn Maschinen von asiatischen Fluggesellschaften (Singapore Airlines: 10; Korean Air: 5) bestellt, die anderen Besteller, beispielsweise Air France, Lufthansa, Qantas oder Emirates, haben angekündigt, die Maschinen insbesondere auf den Asien- und Amerika-Routen, auf sog. Rennstrecken, einzusetzen.

6. Die Perspektive der Fluggesellschaften

Aus Sicht der Fluggesellschaften als operierende Einheiten im Luftverkehrsmarkt steht die Identifizierung von betriebswirtschaftlich sich rentierenden Flugdestinationen im Rahmen der Netzplanung im Mittelpunkt des Interesses. Die Netz- und Destinationsplanung erfolgt dabei nach einer Verkehrsstromanalyse im sog. Origin-Destination-Management (O&D) (vgl. POMPL 1998). Ziel dieses Schlüsselinstruments der Flugnetzplanung ist, den Deckungsbeitrag des Flugnetzes zu maximieren.

Ausgangspunkt der O&D-Planung ist ein konkreter Reisewunsch mit einer auszuführenden Reise A – B von einem Startpunkt (z. B. Origin A) zu einem Zielpunkt (z.B. Destination B). Das Flugangebot richtet sich nach diesem Reisewunsch konkret aus, kann aber auf unterschiedliche Weisen realisiert werden, beispielsweise über Direktflüge oder über (teilweise mehrfache) Umsteigeverbindungen unterschiedlichster Fluglinien.

Maßnahmen im O&D-Management können etwa folgende sein:

- Festlegung neuer Destinationen
- Streichung von Flugdestinationen
- Frequenz-Änderungen
- Zeit-Änderungen
- Änderung des eingesetzten Flugzeug-Typs.

Im O&D-Management wird eine Vielzahl von Quellen zur Netzdatengenerierung eingesetzt, beispielsweise:

- Verkehrsstrom-Daten
- CRS-Buchungsdaten, z.B. aus AMADEUS
- Flugpläne der Wettbewerber
- Statistiken: IATA, ICAO, AEA, Airports
- Yield-Informationen zum Verhältnis und Ertrag der Buchungsklassen
- Marktforschung zu Nachfragepräferenzen aus Passagierbefragungen
- Regionale Markt-Beobachtungen/-Erwartungen
- Kostendaten, wie Flottenkapazität, Personal, Flughäfen, Slot-Preise.

Die konkrete Flugnetz- und Destinationsplanung hat dann darauf aufbauend folgende Entscheidungselemente zu berücksichtigen:

- Leistungserbringung als Eigenleistung oder als Codesharing
- Flugvarianten: Non-Stop – Umsteigeverbindung – Direktflug

- Slot-Verfügbarkeit

- DEP/ARR-Zeiten

- Flotteneinsatz

- Umlaufplanung

- Integration in das zugehörige Hub & Spoke-System

- Allianz-Integration

- „Historische Kausalitäten", beispielsweise die Bedienung von Flugstandorten in früheren Kolonien.

Betrachtet man beispielhaft – wie in der folgenden Abbildung – die wöchentlichen Flüge nach Ost- und Südostasien im Winter 2003/04 von acht verschiedenen Fluggesellschaften (Direktflüge ohne Codeshare), differenziert nach drei Gruppen (europäische, pazifische und nordamerikanische Gesellschaften), so lassen sich drei Muster der Destinationsverteilung identifizieren: Die drei europäischen Gesellschaften Lufthansa, British Airways und KLM bieten die größte Vielzahl an Destinationen an, teilweise erklärbar durch historische Ursprünge,

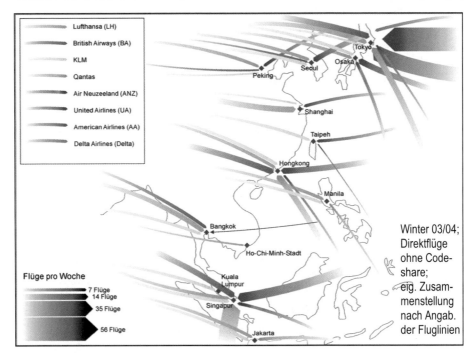

Abbildung 11: Wöchentliche Flüge nach Ost- und Südostasien
Fig. 11: Weekly flights to East and Southeast Asia

Entwurf: R. JUCHELKA, nach Angaben der Fluggesellschaften;
Kartographie: H.-J. Ehrig; Stand: Winter 2003/04

beispielsweise die Relation London – Hongkong durch British Airways. Bei den US-amerikanischen Gesellschaften fällt im Eigenbetrieb die herausragende Orientierung auf Japan auf, ursächlich hierfür sind die starken US-japanischen Beziehungen, aber auch die Auswirkungen des Pazifischen Ozeans als Verkehrsscheide, die sich auf den Hawaii-Inseln konkretisiert [2]. Schließlich lassen die pazifischen Fluglinien Air NewZealand und Qantas eine primäre Ausrichtung auf Singapur und Hongkong erkennen, erklärbar als Umsteige- und Zwischenlandungsdestinationen, insbesondere auf den Europa-Verkehren; vgl. Abb. 11.

Ein Instrument, um dem Fluggast ein erhöhtes Destinationsangebot bereitstellen zu können, bildet die Einbindung von sog. Flug-Allianzen. Diese Netzwerke in der Destinationsentwicklung können als Indikator der Globalisierung angesehen werden. Von den drei großen Allianz-Systemen Star Alliance, OneWorld und SkyTeam soll nun die Star Alliance näher betrachtet werden (vgl. Abb. 12).

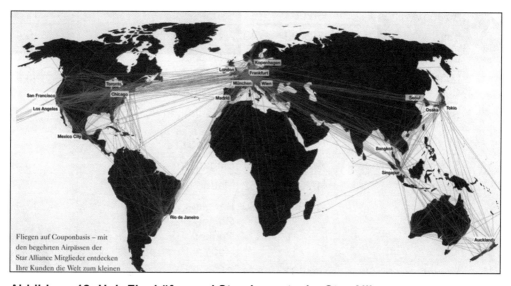

Abbildung 12: Hub-Flughäfen und Streckennetz der Star Alliance
Fig. 12: Hub airports and route network of Star Alliance
Quelle: eig. Darstellung der STAR ALLIANCE

Der Star Alliance, gegründet 1997, gehören im Jahr 2004 16 Fluglinien mit über 2000 Flugzeugen an, über 750 Flughäfen in 132 Staaten werden auf täglich fast 14.000 Flügen bedient [3]. Tabelle 2 zeigt weitere Daten zur Größe dieser Allianz.

---

[2] Die Karte könnte den Eindruck erwecken, dass es kaum Flugverbindungen zwischen den USA und dem asiatischen Raum, abgesehen von Japan, gibt. Im Rahmen von Code-Share-Flügen werden diese Relationen allerdings größtenteils von in der Karte nicht erfassten asiatischen Gesellschaften bedient.

[3] Zum Vergleich: Die Lufthansa fliegt alleine mit ihren ca. 240 Flugzeugen etwa 350 Destinationen in ca. 90 Staaten an.

Airline	Star Alliance Mitglied seit	Flotte	Drehkreuze	Passagiere in Mio 2003 (bzw. 2002)
Air Canada	5/1997	217	Toronto Montreal Vancouver	
Air New Zealand	3/1999	36	Auckland	9,6
ANA	10/1999	138	Osaka Kansai International Tokio Narita International	43,3
Austrian	3/2000	94	Wien Salzburg Innsbruck	8,8
Asiana Airlines	3/2003	64	Seoul	12,3
bmi	7/2000	40	London Heathrow	9,4
LOT Polish Airlines	10/2003	51	Warschau	3,7
Lufthansa	5/1997	287	Frankfurt München	45,4
Scandinavian Airlines	5/1997	145	Kopenhagen Oslo Stockholm	31,0
Singapore Airlines	4/2000	91	Singapore	13,3
Spanair	4/2003	52	Madrid	7,7
THAI	5/1997	80	Bangkok Chiang Mai Phuket Hat Yai	17,1
United	5/1997	524	Chicago Washington San Francisco Los Angeles Denver	66,1
US Airways	5/2004	281	Charlotte Philadelphia Pittsburgh	47,1
Varig	10/1997	86	Rio de Janeiro Sao Paulo	11,0

Tab. 2: Mitglieder der Star Alliance: Flottengröße, Hub-Flughäfen, Passagiere
Table 2: Star Alliance member airlines: size of fleet, hub airports, passengers
Quelle: STAR ALLIANCE 2004

Die Entwicklung der Star Alliance ist dabei durchaus auch als Globalisierungs-Geschichte zu verstehen, handelt es sich doch um eine kontinuierliche Integration neuer Mitglieder zur Abdeckung weltweiter Flugbeziehungen. Gründungs-mitglieder 1997 waren die Deutsche Lufthansa, die amerikanische United Airlines, Thai Airways, Air Canada sowie SAS (skandinavischer Airline-Verbund der Staaten Dänemark, Schweden und Norwegen), noch im Gründungsjahr trat die brasilianische VARIG hinzu. Damit war bereits im ersten Jahr der Star Alliance eine globale Ausrichtung vorgegeben. 1999 kamen die japanische ANA und Air NewZealand hinzu, und in der nächsten Erweiterungsphase 2000 traten Mexicana, British Midland (mit Zugangs-Slots nach London-Heathrow), die Austrian Airlines Group sowie Singapore Airlines bei. 2003 kam es mit der koreanischen Asiana Airlines, der polnischen LOT und Spanair zu einer weiteren Vergröße-rung, 2004 trat schließlich noch US Airways bei. Für die nächsten Jahre sind Beitritte von South African Airways – der afrikanische Kontinent ist derzeit noch nicht ausreichend im Star Alliance Netzwerk berücksichtigt –, von Air China mit seinem Hub-Flughafen Beijing und einer russischen Fluglinie vorgesehen.

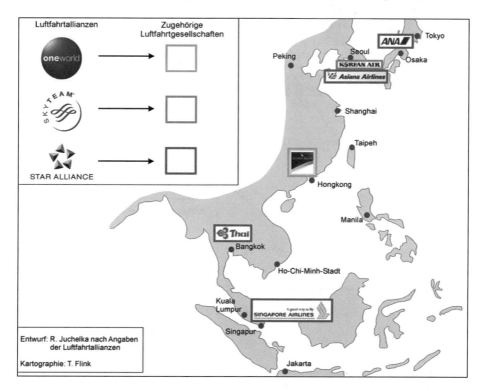

Abb. 13: Luftfahrtallianzen und ihre Partnergesellschaften im asiatischen Raum

Fig. 13: Airline alliances and their partner companies in East & SE Asia

Entwurf: R. JUCHELKA , nach Angaben der Luftfahrtallianzen; Kartographie: T. Flink

Betrachtet man die Positionierung der Star Alliance im asiatischen Raum im Vergleich zu den beiden übrigen globalen Flugallianzen, so zeigt sich eine deutliche Vormachtstellung: Die Star Alliance ist mit vier Partnergesellschaften und einer hohen Raumabdeckung vertreten, die Bündnisse von OneWorld und SkyTeam jeweils nur mit einer Gesellschaft; vgl. Abb. 13.

Daraus resultiert auch die dominante Stellung der Star Alliance bei den Luftverkehrsströmen aus Europa und Nordamerika in den asiatischen Raum, wo sie jeweils einen Anteil von über 30 Prozent am Passagieraufkommen besitzt und damit deutlich vor den anderen Bündnissen liegt; vgl. Abb. 14.

Abbildung 14: Anteile der Allianzen an den interkontinentalen Passagier-Luftverkehrsströmen 2002
Fig. 14: Share of airline alliances in intercontinental air passenger traffic, 2002

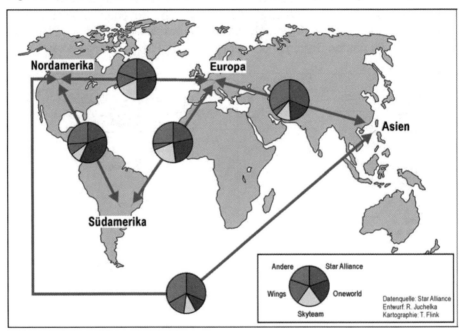

Entwurf: R. JUCHELKA, n. Angaben der STAR ALLIANCE; Kartographie: T. Flink

7. Die Perspektive der Flughäfen

Unter den dreißig Flughäfen mit dem weltweit höchsten Passagieraufkommen im Jahr 2002 befinden sich sechs Flughäfen (Plätze 4, 15, 18, 24, 25 und 26) aus Asien: Tokyo (zwei Flughäfen), Hongkong, Bangkok, Singapur, Beijing; vgl. Abb. 15. – Während die bisherige Analyse den Schwerpunkt auf die Betrachtung des Passagierverkehrs legte, ermöglicht gerade die Perspektive der Flughäfen auch eine Analyse der weltweit führenden Fracht-Flughäfen: Allein elf der dreißig aufkommensstärksten Frachtflughäfen befanden sich im Jahr 2002 in Asien. Neben den bereits genannten Flughäfen waren dies: Seoul, Taipeh, Osaka, Shanghai und Guangzhou; vgl. Abb. 16.

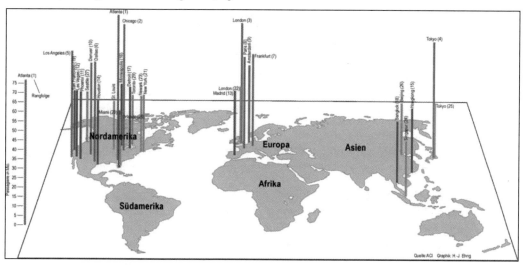

Abb. 15: Die dreißig weltweit führenden Flughäfen im Passagieraufkommen 2002

Fig. 15: The 30 leading world airports in passenger traffic, 2002

Entwurf: R. JUCHELKA nach Angaben des AIRPORT COUNCIL INTERNATIONAL; Kartographie: H.-J. Ehrig

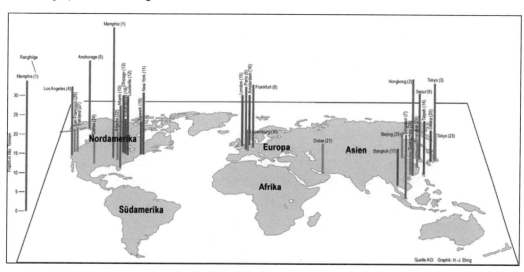

Abb. 16: Die dreißig weltweit führenden Flughäfen im Frachtaufkommen 2002

Fig. 16: The 30 leading world airports in air freight traffic, 2002

Entwurf: R. JUCHELKA nach Angaben des AIRPORT COUNCIL INTERNATIONAL;

Diese herausragende Bedeutung geht einher mit massiven Neubau- und Ausbaumaßnahmen seitens der Regierungen bzw. der Flughafeneigner bei der Flughafeninfrastruktur. Drei Beispiele sollen diese Entwicklung exemplarisch verdeutlichen: Der Hongkonger Airport Chek Lap Kok wurde im Juli 1998 eröffnet und ersetzte den alten Stadtflughafen Kai Tak. Sein Standort ist im Rahmen einer Neulandgewinnung auf einer Fläche von 15 km² in Form eines Off-shore-Airports entstanden. Obwohl es sich bei Chek Lap Kok um einen der Flughäfen mit den höchsten Lande- und Abfertigungsgebühren der Welt handelt, ist er aufgrund seiner hochtechnisierten, zuverlässigen und schnellen und reibungslosen Abwicklung bei den Fluggesellschaften sehr beliebt.

Der Kuala Lumpur International Airport (KLIA) in Malaysia wurde 1998 eröffnet und ist auf eine Kapazität von 100 Millionen Passagieren pro Jahr ausgelegt, derzeit werden etwa 20 Millionen Passagiere jährlich abgefertigt.

Schließlich – und schon im Vorgriff auf die im nächsten Kapitel zu behandelnde Fallstudie – der chinesische Flughafen von Guangzhou [Kanton], dessen Eröffnung Mitte 2004 erfolgt ist. Der Flughafen mit zwei Rollbahnen bildet das Hub von „China Southern Airlines", einer der am stärksten wachsenden Fluggesellschaften im asiatischen Raum. Der Flughafen ist auf eine Kapazität von 40 Mio. Passagieren ausgelegt (derzeit am alten Flughafen ca. 16 Millionen Passagiere/Jahr). In seiner Standortnähe und -konkurrenz zu den benachbarten Flughäfen von Hongkong und Macau verdeutlicht er besonders die Wettbewerbsbeziehungen im dynamischen asiatischen Flughafenmarkt.

8. Fallstudie: Lufthansa Destination Guangzhou [Kanton]

Die deutsche Fluggesellschaft Lufthansa startet seit Februar 2004 fünfmal pro Woche mit einem Airbus A 340 (250 Plätze; 3-Klassen-Konfiguration) nach Guangzhou [Kanton], ab März wurden die Flüge auf einen täglichen Umlauf ausgedehnt. Vorher gab es keine Direktverbindung, sondern über Beijing wurde mit einem Anschlussflug von Air China oder über Seoul mit einem Anschlussflug von China Southern Airlines Guangzhou erreicht. Als Besonderheit – und als Indikator für die sog. Zwei-Hub-Strategie der Lufthansa – ist zu werten, dass zum zweiten Mal eine völlig neue Strecke nicht ab Frankfurt, sondern ab München eingeführt wird.

Guangzhou mit acht Millionen Einwohnern ist die Metropole der Provinz Guangdong und bildet das Zentrum im südchinesischen Perlfluss-Delta, dessen Fläche mit der Belgiens vergleichbar ist und in dem ca. 45 Millionen Menschen leben (Prognose bis 2020: 60 Millionen Einwohner). Guangzhou wird regelmäßig als ,Chinas südliches Tor zur Welt' bezeichnet, seine wirtschaftliche Bedeutung ist vergleichbar mit der von Beijing und Shanghai. Charakteristisch ist die

Darstellung der FAZ vom 09.09.2003: „Die Provinz Guangdong ist die schnellste Wachstumsregion der Welt."

Die traditionelle Handelsmetropole aus dem 17. Jahrhundert zog insbesondere arabische Tuchhändler und portugiesische Gewürzeinkäufer an, die europäischen Einflüsse prägten den Raum somit seit langem. Bis zum Erstarken von Hongkong, wo mit Kanton-Chinesisch die gleiche Sprache gesprochen wird, war die Stadt und ihr Hafen Huangpu am Perlfluss das einzige Tor nach Südchina für Händler aus dem Westen und bildete somit einen Gateway-Standort.

Guangzhou und die Siedlungen im Perlflussdelta – die dortigen Fischerdörfer sind mittlerweile selbst zu Metropolen herangewachsen – waren und sind eine ‚Fabrik der Welt'. Einige ausgewählte wirtschaftsgeographische Kenndaten mögen dies belegen: 500.000 Fabriken produzieren vor allem Konsumgüter, davon allein 1.900 Textilfabriken, die Metropole besitzt das weltweit zweitgrößte Messe- und Ausstellungszentrum mit einer Fläche von 400.000 m². Etwa drei Prozent der Einwohner Chinas leben in der Region, dort werden neun Prozent des chinesischen Bruttoinlandsprodukts erzeugt. Hinzu kommt die herausragende Wachstumsdynamik: Zwischen 1980 und 2000 wuchs das Bruttoinlandsprodukt im Perlflussdeltas durchschnittlich um knapp 17 Prozent/Jahr, zum Vergleich in der gesamten Provinz Guangdong um knapp 14 Prozent, in China insgesamt um knapp zehn Prozent. Etwa ein Drittel aller chinesischen Exportgüter werden in der Region produziert: In Shunde, der selbsternannten Welthauptstadt der Mikrowellen-Produktion, werden 40 Prozent der Weltproduktion dieses Konsumgutes hergestellt. In Shenzen, der nördlichen Grenzstadt zu Hongkong, werden 70 Prozent aller Kopierer weltweit und – eine Art Globalisierungs-Kuriosum – 80 Prozent der künstlichen Weihnachtsbäume gefertigt. In Dongguan arbeiten allein 80.000 Menschen für die Sportschuh-Industrie, insgesamt stammt etwa ein Drittel der weltweiten Schuhproduktion aus dem Perlfluss-Delta. Noch bedeutender ist die Region in der Spielzeugproduktion: Drei Viertel der Weltproduktion werden im Perlfluss-Delta hergestellt. Weniger verwundern mag da, dass 80 Prozent der chinesischen Reiskocher dort produziert werden.

Die Bedeutung dieser Region spiegelt sich auch in den ausländischen Direktinvestitionen wider: 20 Prozent der Auslandsinvestitionen nach China gelangen ins Perlflussdelta, monatlich fließen in die Region über eine Milliarde US-Dollar Auslandsinvestitionen. Deutschland ist der größte europäische Investor in der Provinz Guangdong und etwa 200 deutsche Unternehmen – darunter Firmen wie Siemens, der Otto-Versand, Bosch, Schering – verfügen über eine Vertriebs- oder sogar Produktionsniederlassung. Dabei ist eine räumlich-funktionale Standortverknüpfung und -spezialisierung nach Art eines ‚Goldenen Dreiecks der Standortverflechtungen' entstanden: Sitz der Muttergesellschaft ist in Deutschland, der Standort der Holding in Hongkong mit niedrigen Steuern und hohem Lebensstandard für Führungskräfte, und die Produktion schließlich erfolgt in Guangzhou [Kanton] mit geringen Kosten und hoher Zulieferdichte.

Fluggesellschaften entscheiden in ihrer Destinations- und Netzplanung allerdings nicht allein nach industriegeographisch begründbaren Standortverflechtungen und -bedeutungen, vielmehr ist gerade bei Erwartung ausgewogener
Auslastungszahlen im Rahmen des Yield-Managements mit dem Ziel einer
Gewinn-Maximierung von First-, Business- und Economy-Class-Passagieren
ebenso das touristische Potenzial des Zielgebietes zu berücksichtigen. Guangzhou hat als Stadt eine 2000-jährige Geschichte und verfügt über ein touristisch
(kulturell und landschaftlich) interessantes Hinterland. Beispielsweise besuch-
ten im Jahr 2002 ein Viertel aller China-Besucher – meist im Rahmen von
Rundreisen – die Provinz Guangdong.

9. Zusammenfassung und Ausblick

Die Entwicklung des Luftverkehrs ist seit den 1960er Jahren durch ein dynami-
sches, globales Wachstum gekennzeichnet.

Weltweit nutzen jährlich 1,6 Mrd. Menschen das Flugzeug, bis 2010 werden die
Passagierzahlen auf über 2,3 Mrd. pro Jahr steigen. 18.000 Flugzeuge pendeln
weltweit zwischen 10.000 Flughäfen. Über 40 % des Welthandelsvolumens,
gemessen am Wert, werden in der Luft transportiert. Weltweit sind direkt oder
indirekt 28 Millionen Arbeitsplätze dem Luftverkehr zuzuordnen. Die zunehmende Globalisierung und das steigende Mobilitätsbedürfnis eröffnen Chancen
für weiteres Wachstumspotenzial, gehen gleichzeitig aber einher mit weniger
gewünschten Umweltwirkungen, die allerdings nicht im Mittelpunkt dieses Beitrags standen.

Südostasien und Ostasien, vor allem China sind im Luftverkehr regionale
Wachstumsträger. Sie stellen sowohl ein Verkehrsnährgebiet als auch ein Ver-
kehrszehrgebiet dar. Es ist grundlegend davon auszugehen, dass der langfristi-
ge Trend trotz Krisen wie SARS, Terroranschlägen, Kriegen anhalten wird.

Die Destinationsplanung im Luftverkehr unter Einbeziehung von Globalisie-
rungseffekten stellt einen Ausschnitt aktueller Fragestellungen der angewandten Verkehrs- und Wirtschaftsgeographie dar. Unter systematischer Betrachtung bildet die Perspektive der Geographie dabei einen Baustein, um Regelhaftigkeiten – hier den Zusammenhang zwischen Luftverkehr, Destinationsentwicklung und Globalisierung – darzustellen und aus ihren räumlichen, i. e. S.
raumwirksamen Parametern in Form von Strukturen, funktionalen Verflechtungen und Prozessen zu erklären.

Ausgewählte Literatur

FELDHOFF, T. (2000): Luftverkehr, Flughafenstandorte und Flughafenwettbewerb in Japan. Dortmund (= Duisburger Geogr. Arbeiten, 21)

[Der] FISCHER WELTALMANACH 2004 (2003), Frankfurt/Main

FOCHLER-HAUKE, G. (1972): Verkehrsgeographie. Braunschweig (Das Geographische Seminar)

LÖSCH, A. (1962): Die räumliche Ordnung der Wirtschaft. 3. Aufl. Stuttgart. (Deutsche Originalausgabe Jena 1940)

NUHN, H. (1994): Verkehrsgeographie. – In: Geographische Rundschau, 46. Jg., H. 5, S. 260-265

POMPL, W. (1998): Luftverkehr. Eine ökonomische und politische Einführung. 3. Auflage. Berlin

SASSEN, S. (1996): Metropolen des Weltmarkts. Die neue Rolle der Global Cities. Frankfurt/Main

SCHAMP, E. W. (1996): Globalisierung von Produktionsnetzen und Standortsystemen. – In: Geographische Zeitschrift, 84. Jg., S. 205-219

SCHAMP, E. W. (1997): Industrie im Zeitalter der Globalisierung. – In: Geographie heute, 17. Jg., H. 155, S. 2-7

SCHLIEPHAKE, K. (1987): Verkehrsgeographie. – In: Geographische Rundschau, 39. Jg., H. 4, S. 200-212

SCHLIEPHAKE, K. (1996): Raumbezogene Verkehrsforschung – Realitäten und Analyseansätze. – In: A. Marquardt-Kuron u. K. Schliephake (Hrsg.): Raumbezogene Verkehrswissenschaften – Anwendung mit Konzept. Bonn, S. 37-50 (= Material zur Angewandten Geographie, 26)

THOREZ, P. (2003): Luftverkehr und Schiffahrt im 21. Jahrhundert. In: Le Monde diplomatique (Hrsg.): Atlas der Globalisierung. 2. Auflage, Berlin, S. 12-13

UNCTAD [UNITED NATIONS CONFERENCE ON TRADE AND DEVELOPMENT] (2003): Handbook of Statistics. New York & Geneva

VOPPEL, G. (1980): Verkehrsgeographie. Darmstadt

WIESE, B. (2001): Globalisierung und Raum. – In: Praxis Geographie, 31. Jg., H. 9, S. 4-9.

Wissenschaftliche Veröffentlichungen
von em. Univ.-Prof. Dkfm. Dr. Wigand Ritter
1960 – 2004

Die Österreichische Gesellschaft für Wirtschaftsraumforschung hat den 70. Geburtstag ihres Ehrenmitglieds **Wigand RITTER** mit einem Festkolloquium im Herbst 2003 gefeiert (vgl. Band 29 der „Wirtschaftsgeographische Studien"). In den „Mitteilungen der Österreichischen Geographischen Gesellschaft" erscheint im Band 146/2004 eine ausführliche Würdigung des wissenschaftlichen Werkes RITTERs, allerdings nur mit einem kurzen Auszug aus der Liste seiner wissenschaftlichen Veröffentlichungen. Damit dieses sehr umfangreiche wissenschaftliche Werk entsprechend dokumentiert ist, wird nachstehend ein vollständiges und von RITTER autorisiertes Gesamtverzeichnis veröffentlicht.

Die Österr. Gesellschaft für Wirtschaftsraumforschung tut dies in Anerkennung und Würdigung des wissenschaftlichen Werkes und in Dankbarkeit für die vielfältigen Leistungen RITTERs für die Gesellschaft!

Ch. Staudacher

1960

1. Die wirtschaftliche Lage Siziliens. In: Der Österreichische Betriebswirt 10, 2, S. 137 – 145.

1961

2. Die Wirtschaftstypen der Gemeinden Österreichs. Wien, 209 S. (Dissertation, nur kleine Auszüge und Zusammenfassungen veröffentlicht).

1965

3. Die Fremdenverkehrsgebiete Europas. In: Festschrift für Leopold G. Scheidl, I. Teil, Wien, S. 288 – 306 (= Wiener Geographische Schriften, Bd. 18–23).

4. Das Neue Tal Ägyptens. In: Bustan 6, 2, 1965, S. 3 – 10.

5. Die Großen Verkehrswege Europas. GOF-Verlag, Wien 1965, 26 S.

1966

6. Fremdenverkehr in Europa. Verlag A. W. Sijthoff, Leiden/NL, 250 S., Schriftenreihe Europäische Aspekte, Reihe A – Kultur, Nr. 8 (Habil.-Schrift).

7. Die Fremdenverkehrsgeographie Ägyptens. In: Zeitschr. f. Wirtschaftsgeographie 10, 2, S. 44 – 52.

8. Die Neugründung einer Europa-Hauptstadt in Österreich aus geographischer Sicht. Verlag des Vereins zur Förderung des Europäischen Bundesstaats, Minden/Westfalen, 47 S.

9. Das Dreiecksdiagramm als Darstellung der Verteilung einzelner Funktionstypen von Gemeinden. In: E. Arnberger: Handbuch der Thematischen Kartographie, Wien; S. 302 – 305.

10. Ägypten – das Kattara Projekt. In: Mitteilungen d. Österreichischen Geographischen Gesellschaft, Bd. 108, H. II/III, Wien, S. 360 – 363.

11. Israel – Ausbau der Kalisalzgewinnung am Toten Meer. In: Mitt. d. Österr. Geogr. Ges. 108, II/III, S. 364 – 366.

1967

12. Verkehrsgeographische Übersicht der außereuropäischen Kontinente. GOF-Verlag, Wien, 27 S.

13. Geographische Aspekte des Fremdenverkehrs und des Erholungswesens im Vorderen Orient. In: Bustan 8, 2, S. 14 – 25.

14. Some geographical aspects of tourism and recreation in Israel. In: Tijdschrift v. Economische en Sociale Geografie 58, S. 169 – 182.

15. gem. m. P. GREINER, Die Zentralen Orte und ihre Bereiche, ein Hilfsmittel der Marktforschung und Absatzpolitik. In: Der Markt, 1967, 3, S. 74 – 78.

1968

16. Canberra auf dem Weg zur Großstadt. In: Mitt. d. Österr. Geogr. Ges. 110, II/III, S. 329 – 332.

1969

17. Sind Schwerlinien geeignete interkontinentale Verkehrswege. In: Raum und Siedlung, S. 10 – 11.

18. Die Bedeutung der formalen und der funktionalen Betrachtungsweise in der Wirtschaftsgeographie. In: Zeitschr. f. Ganzheitsforschung 13, 1, S. 41 – 48.

19. Einführung in die Wirtschaftsgeographie. Hrsg.: Inst. f. Raumordnung der Hochsch. f. Welthandel, Wien, 70 S., 2 Auflagen.

20. Walter Strzygowski – der Mensch und das Werk. In: Mitt. d. Österr. Geogr. Ges. 111, II/III, S. 249 – 257.

21. Beobachtungen zur Entwicklung von Fremdenverkehr und Erholung an der kaspischen Küste des Iran. In: Bustan 10, 4, S. 42 – 44.

1970

22. Beurteilung der Landschafts- und Naturschutzgebiete Österreichs hinsichtlich ihrer Zuordnung zu den Bedarfszonen der Erholung. In: Österr. Ges. f. Raumf. und Raumordnung (Hrsg.): Strukturanalyse des österreichischen Bundesgebiets, Bd. I, Wien, S. 333 – 335.

23. gem. m. W. STRZYGOWSKI, Geographie, Reihe: das Wissen der Gegenwart. Deutsche Buchgemeinschaft, Darmstadt, 248 S.

24. Baarle Hertog – Baarle Nassau, Europas merkwürdigstes Dorf. In: Zeitschr. f. Wirtschaftsgeographie 14, 8, S. 246 – 249.

25. Kingdom of Saudi-Arabia – Engineering Services for a Feeder-Road Network. Gemeinsam mit ETCO-Consulting Engineers, Phase I: General alphabetical index of all settlements in areas IV and V. Gazetteer, 175 + 18 S. Sowie: Master-Plan – Plan Folder, 53 Karten und Skizzen. Teheran-Riyadh 1970.

1971

26. Das Institut für Raumordnung an der Hochschule für Welthandel in Wien, Aufgaben und Entwicklung 1958 – 1970. In: Der Österreichische Betriebswirt 21, 1/2, S. 53 – 58.

27. Abschnitt Fremdenverkehrsorte. In: Inst. f. Verkehr und Tourismus (Hrsg.): Tiroler Fremdenverkehrskonzept, Innsbruck, S. 25 – 30.

28. Was bringt der Sadd al'Ali für Ägypten? In: Internationale Entwicklung. Hrsg.: Österr. Forschungsstiftung für Entwicklungshilfe, Wien, S. 9 – 19.

1972

29. gem. m. E. WERSCHNIGG, Raumordnung – Eine Einführung für Studenten der Hochschule für Welthandel in Wien. Hrsg.: Hochschülerschaft an der Hochschule f. Welthandel, Wien 1972, 51 S..

30. gem. m. W. STRZYGOWSKI, Kuwait – Zentrum am Arabischen Golf. In: Mitt. d. Österr. Geogr. Ges. 114, I/II, S. 105 – 124.

1973

31. Agriculture (17 – 100) und La Forêt et la Mer. In: P. Serryn u. R. Blaselle (Hrsg.): Les Hommes et leurs Activités, Focus Bordas II, Paris, S. 101 – 133.

1974

32. Tourism and Recreation in the Islamic Countries. In: J. Matznetter (Hrsg.): Studies in the Geography of Tourism, Frankfurter Wirtschafts- und Sozialgeographische Schriften 17, S. 273 – 281.

33. Natürliche Ressourcen in Entwicklungsländern. In: Internationale Entwicklung – Berichte – Informationen – Dokumente, S. 6 – 13.

34. Recreation and Tourism in the Islamic Countries. In: Recreatievoorzieningen, 6, S. 241 – 245.

1975

35. Natural Resources in Developing Countries. In: Natural Resources and Development, Vol. I. Tübingen, S. 44 – 58.

36. Central Saudi Arabia. In: Wiener Geographische Schriften 43/44/45, Wien 1975, 205 – 228.

37. Sandberge und Oasen in der Nafud Thuwayrat – Saudi-Arabien. In: Geographischer Jahresbericht aus Österreich 34 (1971/72), Wien, S. 65 – 76.

38. Recreation and tourism in the Islamic Countries. In: Ekistics, Bd. 40, Nr. 236, Athen, S. 56 – 59.

1976

39. Kleinregionen in alpinen Fremdenverkehrsräumen. In: Tagungsber. u. wiss. Abh. d. 40. Deutschen Geographentags, Wiesbaden, S. 723 – 736.

40. Für eine angewandte Staatengeographie. In: W. Leupold und W. Rutz (Hrsg.): Der Staat und sein Territorium (Festschrift Martin Schwind), Wiesbaden, S. 229 – 244.

41. Alpenraum – Fremdenverkehr. In: Diercke Handbuch, Braunschweig, S. 101 – 103.

42. Europa – Fremdenverkehr. In: Diercke Handbuch, Braunschweig, S. 161 – 162.

1977

43. A note on the sedentarization of nomads in Eastern Saudi-Arabia. In: Frankfurter Wirtschafts- und Sozialgeogr. Schriften 26, S. 407 – 434.

44. Die Chancen der rohstofffreien Länder aus wirtschaftsgeographischer Sicht. In: Wirtschaftswissenschaftliches Studium, 6, S. 258 – 263.

45. Ägypten – der Fremdenverkehr. In: H. Schamp (Hrsg.): Ägypten, Tübingen, S. 646 – 653.

1978

46. Die Arabische Halbinsel. Mai's Auslandstaschenbücher 34, Verlag Volk und Heimat, Buchenhain vor München, 278 S.

47. Die spanische Exklave Llivia. In: Zeitschr. f. Wirtschaftsgeographie, 7, S. 193 – 195.

48. Perthes Transparentatlas – Bundesrepublik Deutschland und DDR. Darmstadt, (3. Aufl. 1982). 11 Folien und Begleittexte zu räumlichen und wirtschaftlichen Strukturen.

1979

49. Die Anfänge eines Tourismus auf der Arabischen Halbinsel. In: Der Tourismus als Entwicklungsfaktor in Tropenländern. Frankfurter Wirtschafts- u. Sozialgeogr. Schriften 30, S. 87 – 103.

50. Morgenländische Traditionen im Tourismus. In: G. Rauh: Beobachtungen zum innertürkischen Fremdenverkehr in der Provinz Antalya. Nürnberger Wirtschafts- und Sozialgeogr. Arbeiten 30, S. 113 – 121.

51. Die Oberpfalz, ein Problemgebiet in Bayern. In: Österreich in Geschichte und Literatur 23, 5, S. 356 – 366.

1980

52. Did Arabian Oases Run Dry? In: W. Meckelein (Hrsg.): Desertification in extremely arid environments. Stuttg. Geogr. Studien 99, S. 73 – 92.

53. Die Verwendung geographischer Namen in der Wirtschaft. In: Marketing, Zeitschr. f. Forschung und Praxis 4, S. 267 – 273.

1981

54. Die Arabischen Länder Vorderasiens und Israel. In: Harms Handbuch der Geographie, Bd. Asien I, Paul List Verlag, München, S. 52 – 89.

55. gem. m. B. MARCINOWSKI, Wirtschaftsgeographie – Kapitel 6. In: Franke, J. & Poll, K. (Hrsg.): Das Erlanger Regnitztal als Objekt interdisziplinärer Regionalplanung, Erlangen, S. 89 – 99.

56. Die Innovation des Containerverkehrs und ihre geographischen Auswirkungen. In: Franz, J. C. (Schriftl.): Der Containerverkehr aus geographischer Sicht. Nürnberger Wirtschafts- und Sozialgeogr. Arbeiten 33, Nürnberg, S. 1 – 23.

57. Liechtenstein – wirtschaftsgeographische Skizze eines kleinen Staates. In: Österreich in Geschichte und Literatur 25, 6, S. 380 – 392.

1982

58. Waldverwüstung und Wiederbewaldung. In: H. Kellenbenz (Hrsg.): Wirtschaftsentwicklung und Umweltbeeinflussung, Steiner Verlag, Wiesbaden, S. 89 – 104.

59. Bundesrepublik Deutschland: Bergbau und Energiewirtschaft. Text zur gleichnam. Wandkarte. In: Cartactual 96, Ausgabe 4, Budapest, S. 6 – 7.

60. Tourism in Arabia. In: T. V. Singh, J. Kaur und D. P. Singh: Studies in tourism, wildlife, parks and conservation. New Delhi, S. 200 – 213.

61. Styles de tourisme. In: C. Ciaccio & L. Pedrini, Hrsg.: Le tourisme dans les petites îles / Colloque de la commission UGI de géographie du tourisme et des loisirs. Messlna : EDAS, S. 445 – 447.

62. Ein Besuch in Wadi Madha' / Sultanat Oman. In: Zeitschr. f. Wirtschaftsgeographie 4, S. 129 – 131.

1983

63. Die Wirtschaftskarten im neuen Österreichischen Oberstufenatlas. In: GW-Unterricht 14, S. 1 – 7.

64. Der Erdölgolf – Struktur und Entwicklungsprobleme der Länder am Arabisch-Persischen Golf. Aulis Verlag, Köln, 40 S.

65. Erwin Scheu 1885 – 1981. In Geographisches Taschenbuch 1983 – 1984, Wiesbaden, S. 112 – 120.

66. Wohin mit dem Holz in Qatar? In: Entwicklung und Zusammenarbeit 24, S. 10, 31.

67. Tourism comes to the United Arab Emirates. In: Tourism Recreation Research 8, 2, S. 11 – 15.

68. Abschnitt Kuwait. In: S. Mielke, Hrsg.: Internationales Gewerkschaftshandbuch, Opladen, S. 726 – 727.

1984

69. Two economic maps of the Alpine countries in the Oesterreichische Oberstufenatlas. In: Österreichische Beiträge zur Geographie der Ostalpen. Wiener Geogr. Schriften 59/60, S. 94 – 105.

70. Tourism in the Arab countries – Its Concepts and Practices. In: Minthimar al Fikr. Universität Qatar, Doha, S. 45 – 56.

71. Handelswege und Städtesysteme. In: Tichy, F. u. Schneider, J. (Hrsg.): Stadtstrukturen an alten Handelswegen im Funktionswandel bis zur Gegenwart. Verlag Degener & Co., Neustadt an der Aisch, S. 1 – 14.

72. Die Entstehung industrialisierter Volkswirtschaften. In: Frankfurter Wirtschafts- und Sozialgeogr. Schriften 46, S. 107 – 120.

1985

73. Der Innovationsbegriff in der Wirtschaftsgeographie und das Modell der dissipativen Strukturen. In: Franke, J. (Hrsg.): Betriebliche Innovation als interdisziplinäres Problem, Verlag C. E. Poeschel, Stuttgart, S. 15 – 28.

74. gem. m. Th. REICHART und R. RUPPERT, Wirtschaftsgeographische Aspekte des Beitritts Spaniens zur Europäischen Gemeinschaft. In: Dürr-Kellenbenz-Ritter und Mitarb.: Spanien auf dem Weg nach Europa?, Verlag Paul Haupt, Bern-Stuttgart, Sozioökonomische Forschungen 19, S. 83 – 182.

75. Touristische Stile in der modernen Welt. In: Revue de l' Academie Intern. du Tourisme 36, 138, S. 3 – 6.

76. Handelsgeographie. In: Meynen, E. (Hrsg.): Internat. Geogr. Glossarium, Steiner-Verlag, Wiesbaden, 145 Stichworttexte zur Handelsgeographie.

77. Arabian Gulf Studies I. Nürnberger Wirtschafts- und Sozialgeogr. Arbeiten 37, Nürnberg, 199 S, Vorwort und Redaktion.

78. Tourism in the United Arab Emirates. In: W. Ritter und E. Weigt (Hrsg.): Arabian Gulf Studies I, Nürnberger Wirtschafts- und Sozialgeogr. Arbeiten 37, Nürnberg, S. 165 – 199.

79. Qatar – ein arabisches Erdölemirat. Nürnberger Wirtschafts- und Sozialgeogr. Arbeiten 38, Nürnberg, 201 S.

1986

80. Nürnberg und seine Industrien im Rahmen der wirtschaftlichen Entwicklung der deutschen Städte. In: Mittmann, E. (Hrsg.): Industriestandort Nürnberg, Strukturen und Prozesse, Pädag. Institut, Didaktischer Brief 117, S. 14 – 24.

81. Tourism in the Arab Gulf Region. Present Situation, Changes and Restraints. In: GeoJournal 13, 3, S. 237 – 244.

82. Hotel Location in Big Cities. In: Vetter, F. (Hrsg.): Großstadttourismus, Berlin, S. 355 – 364.

1987

83. Die Industrie Deutschlands im Spiegel einer neuen Wandkarte. In: Geographie heute 47, 8, S. 9 – 11.

84. Styles of Tourism in the Modern World. In: Tourism Recreation Research 12, 1, S. 3 – 8.

85. Tourismusstile in der modernen Welt. In: Institut für Tourismus der FU Berlin (Hrsg.): Vorträge zur Fremdenverkehrsforschung, Berlin, S. 25 – 35.

86. Gewerbliche Wirtschaftsformationen im nördlichen Bayern. In: Berichte zur deutschen Landeskunde 61, 2, S. 425 – 451.

87. Prof. Dr. Ernst Weigt 80 Jahre. In: Geographische Rundschau 39, 11, S. 658.

88. Nordjemen wird Erdölexporteur. In: Jemen-Report 18, 2, S. 40 – 41.

1988

89. gem. m. M. FROWEIN, Reiseverkehrsgeographie. Verlag Dr. Max Gehlen, Bad Homburg, 263 S.

90. Mielitz, G. u. W. Ritter (Hrsg.): 2. Sitzung des Arbeitskreises Freizeit und Fremdenverkehrsgeographie, Berichte und Materialien. Institut für Tourismus der Freien Univ. Berlin. Verlag für Universitäre Kommunikation, Berlin, 203 S.

91. Die Südküste von Kuwait – strandorientierte Erholung in einem arabischen Land. In: Fremdenverkehrsgeographie, Berichte und Materialien. Institut für Tourismus der Freien Univ. Berlin. Verlag für Universitäre Kommunikation, Berlin, S. 123 – 132.

92. gem. m. R. RUPPERT u. K.-L. STORCK, Portugal im Aufbruch? Nürnberger Wirtschafts- und Sozialgeogr. Arbeiten 40, Nürnberg 1988, 294 S.

93. 80. Geburtstag von Prof. Ernst Weigt. In: Mitt. d. Österr. Geogr. Ges., Band 129, Wien, S. 276 – 277.

94. Regional planning in the Arab Gulf Countries. In: Proceedings of the conference on industrial and techno-economic co-operation. Doha-Würzburg, S. 139 – 166.

1989

95. gem. m. K.-L. STORCK, Die Wirtschaft der Erde. Begleittext zur Schulwandkarte 1:12 Mill., Verlag Justus Perthes, Darmstadt, 10 S.

96. Bundesrepublik Deutschland – Wirtschaft. Text zur Karte im Diercke Weltatlas, 24/25. In: Diercke Handbuch. Braunschweig, S. 11 – 12.

97. Preserving cultural identity by outdoor recreation and domestic tourism: The case of the Gulf Arabs. In: Singh-Theuns u. Co. (Hrsg.): Towards appropriate tourism: The case of the developing countries. Verlag Peter Lang, Frankfurt, S. 311 – 324.

98. Wirtschaftskarten in Schulatlanten – und die Wirtschaftstheorie? In: Beiträge zur Geographie und Kartographie. Wiener Schriften zur Geographie und Kartographie 3, Ferdinand Mayer-Festschrift, Wien, S. 176 – 183.

99. Tourism in the Islamic world (Guest editor der Special Issue) Tourism Recreation Research 12, 2, 68 S. Darin das Editorial: On deserts and beaches – recreational tourism in the Muslim World, 3 – 9.

100. Walter Strzygowski – Porträt eines ungewöhnlichen Menschen. In: F. Jülg (Hrsg.): Walter Strzygowski zum 80. Geburtstag, Gedächtniskolloquium. Wiener Geogr. Schriften 61, Wien, S. 11 – 18.

1990

101. Kuwait – Skizze zur Entwicklung einer arabischen Großstadt. In: E. Füldner (Hrsg.): Festschrift für Siegfried Gerlach, Stadtgeographische Aspekte, Ludwigsburg, S. 163 – 177.

102. The fuelwood crisis – re-emergence of an old problem. In: Applied geography and Development 35, Tübingen, S. 63 – 76.

103. Vom Winkel zum Tempel. In: Th. Bühler: City-Center, Deutscher Univ. Verlag, Wiesbaden, V – VIII.

1991

104. Allgemeine Wirtschaftsgeographie. Eine systemtheoretisch orientierte Einführung. Oldenbourg Verlag. München, 364 S.

105. Zeit zu feiern, Zeit zu schenken. In: Kalender und Geschenktermine für Spielwaren. Nürnberger wirtsch. u. sozialgeogr. Arbeiten, Bd. 44, S. 4 – 6.

106. Vom Winkel zum Tempel. In: Th. Bühler: City-Center, Deutscher Univ. Verlag, Wiesbaden, 2. Aufl., V – VIII.

1992

107. Neue konzeptionelle Ansätze für die Gestaltung von Wirtschaftskarten in Schulatlanten. In: F. Mayer (Hrsg.): Schulkartographie, Wiener Symposium, Wiener Schriften zur Geographie und Kartographie 5, Wien, S. 83 – 87.

108. Wirtschaftsgeographie der Europäischen Gemeinschaft. Gesellschaft für Regionalforschung und angewandte Geographie (GERAG) e.V., Nürnberg, 147 S.

109. Political geography of the German-speaking World. In: M. Bachvarov u. St. Karastojanov, Hrsg.: Geografija-Geopolitika. Sofia, S. 57 – 70.

1993

110. Ostmitteleuropa, ein überflüssiger Begriff. In: Geogr. Rundschau, 5, S. 324.

111. Späte Gerechtigkeit – Das Thünen-Museum in Tellow. In: Neue Zürcher Zeitung v. 5. 3. 1993, Nr. 53, S. 25.

112. Verbindungsfunktion und Ressourcenaufschließung als Grundproblem beim Bau von Eisenbahnen im Orient. In: W. D. Hütteroth, Hrsg.: Frühe Eisenbahnbauten als Pionierleistungen. Neustadt a.d. Aisch, S. 93 – 112.

113. Wirtschaftsgeographie in der Presse. In: A. Marquardt-Kuron und Th. J. Mager, Hrsg.: Geographen Report, ein Beruf im Spiegel der Presse. Bonn, S. 63 – 66.

114. Katar. In: D. Nohlen und F. Nuscheler, Hrsg.: Handbuch der Dritten Welt. Bonn, S. 399 – 411.

115. Eine Einführung in ein ungewöhnliches Thema. In: St. Bleiweis: Die Europäische Gemeinschaft im Vergleich mit Japan und den USA. Nürnberger Wirtschafts- u. Sozialgeogr. Arbeiten, Bd. 47, S. 11 – 21.

1994

116. Welthandel: Geographische Strukturen und Umbrüche im internationalen Warenaustausch. Darmstadt 1994, 179 S.

117. Junge Unternehmer für starke Regionen. In: J. Albert: Unternehmensneugründungen – Träger des Strukturwandels in wirtschaftlichen Regionalsystemen. Nürnberger Wirtsch. u. Sozialgeogr. Arbeiten, Bd. 48, S. 7 – 9.

1995

118. Papyrus-Zauber. In: Natürlich, 15. Jgg. Nr. 4, S. 32 – 33.

119. Von der geographischen Substanz zum Problem der Transformation. In: V. A. Schachtschneider, Hrsg.: Wirtschaft, Gesellschaft und Staat im Umbruch, Berlin, S. 601 – 614.

120. Les formations industrielles dans la région de Nuremberg. In: Révue de Géographie de Lyon, vol. 70, Nr. 1, S. 11 – 18.

121. Weit von Babylon. In: D. Rebitzer: Internationale Steuerungszentralen. Nürnberger Wirtsch. u. Sozialgeogr. Arbeiten, Bd. 49, S. 3 – 6.

122. Leichtindustrie und produzierendes Gewerbe in den kleinen arabischen Golfstaaten. In: Würzburger geogr. Manuskripte, Heft 36, S. 115 – 126.

1996

123. Kann man sich einer Flut entgegenstellen ohne fortgespült zu werden. In: Rundbrief Geographie 2, S. 6 – 7.

124. Zurück in die Feriengebiete. In: S. Hofmann: Hotelketten in Deutschland. Wiesbaden, S. 7 – 9.

125. gem. m. R. RUPPERT, Wirtschaftsgeographie der Europäischen Union. Hrsg.: GERAG e. V., Nürnberg, 134 + XV S.

126. gem. m. S. HOFMANN, Hotelketten – eine amerikanische Eroberung Deutschlands? In: A. Steinecke, Hrsg.: Stadt und Wirtschaftsraum. Berliner Geogr. Studien, Bd. 44, S. 401 – 409.

127. Unternehmensgründungen – ihre Entwicklung und Bewegung im Großraum Nürnberg. Uni-Kurier 22, S. 34 – 37.

128. Umbruch und Beharrung im Welthandel. In: Praxis Geographie, 9, S. 4 – 9.

129. Tourism and Recreation in the Near and Middle East. In: Deutsches Übersee Institut, Hrsg.: Tourismus im Nahen und Mittleren Osten (Vorwort zu Bibliographie seit 1990 – Biblio 24), Hamburg, VII – XXV.

130. Entwicklungen und Bewegungen von Firmengründungen im Großraum Nürnberg. In: Firmengründungen in ihrem lokalen und regionalen Umfeld. Wirtschaftspolitische Diskurse 91, Friedr. Ebert Stiftung, Hrsg. Bonn, S. 36 – 39.

131. In 80 Tagen um die Welt. In: Markus Exler: Containerverkehr – Reichweiten und Systemgrenzen in der Weltwirtschaft. Nürnberger Wirtsch. u. Sozialgeogr. Arbeiten, Bd. 50, S. 3 – 6.

1997

132. Tourism potential in North Sinai – situational analysis and prospects for development. Im Rahmen v. GTZ-Projekt: North Sinai regional planning. Nürnberg 1997, 46 S.

133. Die Wirtschaftskarten im neuen Kozenn-Atlas. In: GW-Unterricht 66, S. 57 – 62.

134. Welthandel – eine vergessene Dimension der Wirtschaftsgeographie. In: G. Glania: Das Welthandelsgut Kaffee, Frankfurt, S. 5 – 7.

135. Mit nassen Füßen auf unserer Türschwelle. In: Zeitschrift f. den Erdkundeunterricht, Heft 10, S.384 – 385.

136. Alkohol in Arabien. In: Natürlich, 17. Jg. Nr. 11, S. 22 – 24.

137. gem. m. M. FROWEIN, Reiseverkehrsgeographie. Verlag Dr. Max Gehlen, Bad Homburg, 5. Aufl., 263 S.

1998

138. Einige Gedanken zur Evolution der Menschheit. In: Mensa International, Austrian Edition 4 – 6, Nr. 279, S. 6 – 7.

139. gem. m. Chr. SCHÄFER, Cruise Tourism – a chance of sustainability. In: Tourism Recreation Research, Vol. 23/1, S. 65 – 71.

140. Ist die deutsche Geographie denn geographisch genug? In: Rundbrief Geographie, Heft 148, S. 31.

141. Gibt es Regionen oder gibt es sie nicht? In: Kulturen und Regionen im Zeichen der Globalisierung. Hrsg.: S. A. Bahadir, Erlangen, S. 11 – 15.

142. Ein Spiegel für den Bürgermeister. In: M. Herbert: Kommunale Fehlentscheidungen erkennen und vermeiden. Nürnberger Wirtsch. u. Sozialgeogr. Arbeiten, Bd. 52, S. 7 – 9.

143. Here, away from it all. In: Chr. Schäfer: Kreuzfahrten, die touristische Eroberung der Ozeane. Nürnberger Wirtsch. u. Sozialgeogr. Arbeiten, Bd. 51, S. I – IV.

144. Allgemeine Wirtschaftsgeographie. Eine systemtheoretisch orientierte Einführung. Oldenbourg Verlag. München, 3. Aufl., 348 S.

1999

145. Spiele mit der Zeit. In: GW-Unterricht, Nr. 74, S. 64 – 69.

146. A transrapid-network for the Near East. In: PROMET/Traffic/traffico, Vol. VII, Nr. 2-3. Trieste-Zagreb, S. 129 – 133.

147. Von der gelben Post zum braunen Lieferwagen. In: St. Bachmeier: Integrators – die schnellen Dienste des Weltverkehrs. Nürnberger Wirtsch. u. Sozialgeogr. Arbeiten, Bd. 53, 6 S.

148. Karl A. Sinnhuber zum 80. Geburtstag. In: Wirtschaftsgeogr. Studien 24/25, Wien, S. 1 – 4.

149. Die Arabische Halbinsel im Welthandel. In: Geogr. Rundschau, 51, Nr. 11, S. 613 – 617.

2000

150. Structures géographiques des districts industriels en Allemagne. In: Des champagnes vivantes. Festschr. f. Jean Renard. Nantes, S. 451 – 460.

151. Aufbruch zu einer neuen Welt. In: M. P. Ostertag: Globalisierung unter den Aspekten der Wirtschaftsgeographie. Nürnberger Wirtsch. u. Sozialgeogr. Arbeiten, Bd. 55, S. III – VII.

152. Die Wasserknappheit Arabiens, Mythos oder Realität? In: Geographie und Schule 22, 128, S. 19 – 24.

153. Ein Wort zu alternativen Energien. In: Chr. Schölzel: Brasiliens Reaktion auf die Erdölpreisschocks, ein Sonderweg in die Sackgasse. Nürnberger Wirtsch. u. Sozialgeogr. Arbeiten, Bd. 56, S. 1 – 3.

154. Geographische Grenzen der Globalisierung. In: WissensWert!? Ökonomische Perspektiven der Wissensgesellschaft. 3. Freiburger Wirtschaftssymposium. Baden-Baden, S. 115 – 128.

2001

155. Nachhaltigkeit. In: Transport – Wirtschaft – Recht. K. Schachtschneider Hrsg.: Berlin, S. 597 – 607.

156. Der Nahe Osten auf dem Weg ins 21. Jahrhundert. In: Standort, 25, 2, S. 40 – 44.

157. Bohnen vom Kilimandscharo. In: Natürlich, 21. Jg., Nr. 12, S. 42 – 43.

2003

158. Globaler Tourismus und die Grenzen der Welt. In: Becker, C., H. Hopfinger & A. Steinecke (Hrsg.): Geographie der Freizeit und des Tourismus. Bilanz und Ausblick. München-Wien, S. 86 – 96.

2004

159. Die „Abschaffung" der großen Sandwüste in Abu Dhabi. (Manuskript)

Gesellschaftsnachrichten

1. Festkolloquium für Christian Staudacher

In den Berichtszeitraum fiel der **60. Geburtstag des Präsidenten unserer Gesellschaft**, Ao. Univ.-Prof. Dr. **Christian Staudacher.** Aus diesem Anlass fand am 20. Oktober 2004 im Festsaal der Wirtschaftsuniversität Wien ein sehr gut besuchtes Festkolloquium statt, das von Univ.-Doz. Dkfm. Dr. Felix JÜLG moderiert wurde. Es stand unter dem Motto „**In der Dienstleistung liegt die Zukunft – persönlich und wissenschaftlich**". Der Programmablauf war wie folgt:

17:00 Uhr
Begrüßung der Teilnehmer
mit Aperitif (vor dem Festsaal)

17:30 Uhr
Ao. Univ.-Prof. Dr. Klaus Arnold
(Wirtschaftsuniversität Wien):
Laudatio: „Christian Staudacher 60 Jahre"

18:00 Uhr
Festvortrag
Privatdozent Dr. Rudolf Juchelka
Vizepräsident der Deutschen Gesellschaft für Geographie
(Universität Duisburg – Essen):
„Globalisierung im Dienstleistungssektor –
eine wirtschaftsgeographische Betrachtung zum Luftverkehr"

Schlussworte des Jubilars

anschließend:
Gemütliches Beisammensein
beim Heurigen Fuhrgassl-Huber
1190 Wien • Neustift am Walde 68

Die von Klaus ARNOLD gehaltene Laudatio sowie der Festvortrag von Rudolf JUCHELKA sind in diesem Band weiter vorne abgedruckt. Ergänzend dazu seien nachstehend die Schlussworte, die Christian Staudacher am Ende des Festkolloquiums mit sichtlich bewegter Stimme gesprochen hat, mit seiner Zustimmung wiedergegeben.

Dankesworte von Christian Staudacher
am Ende des Festkolloquiums zu seinem 60. Geburtstag
20. Oktober 2004

Sehr geehrte Damen und Herren!
Liebe Mitglieder meiner Familie!
Liebe Kollegen und Freunde, besonders liebe Geographen!
Liebe Mitglieder und Vorstandsmitglieder der ÖGW!

Schenken Sie mir bitte noch einige Minuten, um Dank zu sagen und ein paar Gedanken über meine Gemütslage nach diesem großartigen Fest auszusprechen.

Ich freue mich natürlich wahnsinnig über dieses Fest und darüber, dass Sie so zahlreich hier erschienen sind – und das alles nur weil ich 60 geworden bin, wogegen man ja gar nichts machen kann. Meine Gemütslage in diesem Jahr 2004 mit all den Geburtstagsfeiern ist gekennzeichnet durch ein großes Staunen, durch Verwunderung und vor allem von Dankbarkeit.

Ein großes Staunen darüber, dass mein bisheriges Leben so problemlos und glücklich verlaufen ist – auch im Sinne von „Glück gehabt"! – Dazu haben viele beigetragen: Meine Eltern, die mir eine gute Startrampe in dieses Leben gebaut haben, meine Geschwister, meine Frau Annemarie und auch meine Tochter Claudia, die immer Verständnis dafür hatten, dass ich mich manchmal auch zu sehr der Wissenschaft gewidmet habe; aber auch meine Lehrer von der Volksschule bis zur Habilitation. Ihnen allen gilt mein besonderer Dank! Besonders aber auch all denen, von denen ich gar nicht weiß oder gemerkt habe, dass sie wesentlich dazu beigetragen haben.

Geprägt ist meine Gemütslage auch von Verwunderung und Überraschung darüber, dass all die Menschen rund um mich diesem Geburtstag soviel Bedeutung beimessen und so intensiv daran teilnehmen.

Verwunderung auch über ein paar Erfolge und die eine oder andere Leistung, die von Dir, lieber Klaus, in Deiner Laudatio so überschwänglich und bildreich dargestellt wurden. Glauben Sie nicht alles, was hier über mich und meine wissenschaftliche Leistung und mich als Chef gesagt wurde – ich bin auch nur ein Mensch, und gar kein so besonderer. Wenn Sie nur ein bisschen was davon glauben können, bin ich schon zufrieden.

Gesteigert hat sich diese Verwunderung, als ich irgendwann im Sommer geahnt habe, dass etwas mit einer größeren Festveranstaltung im Schwange war und in der Abteilung konspirative Aktivitäten im Gange waren, und als ich dann Gewissheit bekam, dass meine Mitarbeiter dieses Fest und sogar eine Festschrift planen, und dass dieses heute so toll gelungen ist.

Liebe Freunde und Kollegen in der Abteilung, herzlichen Dank für all die Mühen, die Ihr Euch damit gemacht habt: Da ist Frau Gabriele Böhm, unsere Sekretärin, die sehr viel Arbeit mit dem Fest hatte, und meine Kollegen und Freunde Felix Jülg, Klaus Arnold und Albert Hofmayer. Liebe Gabi, lieber Felix, lieber Klaus und lieber Albert: vielen, vielen herzlichen Dank für dieses schöne Fest und die lieben und ehrenden Worte. Ich hoffe, ich kann Euch das in den nächsten Jahren irgendwie zurückgeben.

Ganz besonders zu danken habe ich auch meinem Freund Dozent Dr. Rudolf Juchelka, der aus dem fernen Duisburg bzw. Aachen angereist ist und mit seinem Vortrag einen fundierten wissenschaftlichen Beitrag zu diesem Fest geliefert hat. Lieber Rudi, über den Inhalt des Vortrages werden wir noch an anderer Stelle kritisch und anregend diskutieren. Für jetzt herzlichen Dank, und ich freue mich schon auf unser nächstes gemeinsames Projekt!

Neben dem Staunen und der Verwunderung bewegt mich in diesen Stunden ganz besonders Dankbarkeit, und ich möchte diese Situation abschließend nutzen und die Stimmung auf unser Fach, die Geographie, umlenken: Ich möchte das mit einem Zitat aus dem Buch "Der kleine Prinz" von Antoine de Saint-Exupéry versuchen: Der kleine Prinz ist ein aufgeweckter kleiner Mann, der viele spannende Fragen stellt, und unter vielen anderen auch die folgende Frage: "Was ist das, ein Geograph?" "Das ist ein Gelehrter, der weiß, wo sich die Ströme, die Berge und die Wüsten befinden." – Man könnte auch formulieren: "Das ist ein Gelehrter, der weiß, wo die Geld- und Kapitalströme fließen, was es mit den Hochhaus-Gebirgen auf sich hat und wie ‚soziale Wüsten' entstehen." – "Das ist interessant", sagte der kleine Prinz. "Endlich ein richtiger Beruf!"

Ich habe mit der Geographie meinen „richtigen Beruf" gefunden, und die Geographie hat mir in meinem bisherigen Leben wirklich gute Dienste geleistet. Ich bitte Sie alle, nach Ihren Möglichkeiten, die Geographie nicht zu vergessen und zu stützen!

Nochmals vielen herzlichen Dank!

2. Weitere runde Geburtstage in der ÖGW

Um in chronologischer Reihenfolge zu beginnen: Für Samstag, 1. Mai 2004, hatte unser langjähriges Vorstandsmitglied **Hofrat DDr. Hans LENTNER, Bundesbahndirektor i. R.**, zur Feier seines **70.** Geburtstages nach Velden am Wörthersee geladen. Mehrere ÖGW-Vorstandsmitglieder, darunter der Präsident, nahmen an der festlichen Veranstaltung im repräsentativen Rahmen des „Seehotel Europa" teil. In diesem Rahmen wurde Herrn DDr. Lentner in Würdigung seiner großen Verdienste um die Gesellschaft die **Ehrenmitgliedschaft der ÖGW** verliehen.

Wenige Wochen später hat dann der Ehrenpräsident unserer Gesellschaft, Herr **Prof. emer. Mag. Dr. Karl A. SINNHUBER** zur Feier seines **85.** Geburtstags für den 12. Juni 2004 nach Oberösterreich eingeladen. Bei dieser Festivität wurde auch der 80. Geburtstag seiner Gattin Audrey begangen. Ein dritter Anlass schließlich war der 10. Geburtstag der „Europa-Linde", die auf Initiative Prof. Sinnhubers vor zehn Jahren anlässlich des Beitritts Österreichs zur EU in Gschwandt gepflanzt worden war und seither prächtig gediehen ist. Höhepunkte seiner Geburtstagsfeier waren: eine Fahrt mit dem Raddampfer „Gisela" auf dem Traunsee, das Verlesen eines persönlichen Gratulationsbriefes von EU-Kommissar Dr. Fischler, und ein prächtiges Feuerwerk. Die Festgäste hatten den Eindruck einer gelungenen Mischung von Würde und Freude.

Die ÖGW wünscht allen in diesem Heft genannten Jubilaren für die weitere Zukunft alles erdenklich Gute, vor allem aber Gesundheit: *Ad multos annos!*

Friedrich BENESCH
namens des Vorstands der
Österreichischen Gesellschaft für Wirtschaftsraumforschung

3. Lothar Beckel zum runden Geburtstag

In der Reihe der hervorragenden Persönlichkeiten, die in der Österreichischen Gesellschaft für Wirtschaftsraumforschung tätig sind oder in einem Naheverhältnis zu ihr stehen, muss der Name von Lothar Beckel genannt werden. Als ihr erster Geschäftsführer, unmittelbar nach deren Gründung, hat er sich seither wiederholt in großem Maße um die ÖGW verdient gemacht.

Nach Erwerb von Diplom und Doktorat der Handelswissenschaften an der Hochschule für Welthandel begann Beckels wissenschaftlicher Weg als Assistent an den Instituten von Leopold Scheidl und Walter Strzygowski. Sehr bald erkannte er die Wichtigkeit der d r i t t e n Dimension für die wissenschaftliche Geographie, nämlich des Blickwinkels aus dem Flugzeug. Professor Strzygowski unterstützte ihn darin massiv (*„Beckel, lernen'S fliegen!"*). So ergab sich für ihn die Konsequenz, den Flugschein zu erwerben, um die Erde von oben beschreiben zu können. Die Ergebnisse seiner Tätigkeit gleichzeitig als Pilot und als Photograph erregten bald großes Aufsehen. Das erste Werk, das auf dem Grundstock seiner Bildsammlung entstand und auf Anhieb große Verbreitung erreichte, war der "Luftbildatlas Österreich" (1969), eine neuartige Landeskunde mit 80 farbigen Luftaufnahmen, als dessen Herausgeber Prof. Dr. Leopold Scheidl, der Gründer und erste Präsident der Österreichischen Gesellschaft für Wirtschaftsraumforschung, agierte; mit Hans Fischer und Felix Jülg waren weitere Institutsmitglieder als Autoren maßgeblich involviert. In der Folge erschien eine Reihe weiterer Bände in ähnlichem Konzept: der „Luftbildatlas Bayern", „Im Flug über Österreich", „Von Burg zu Burg in Österreich", „Oberösterreich im Flug", „Im Flug über Salzburg", um nur einige zu nennen. Eine Reihe weiterer Bände, zwischen 1973 und 1976 erschienen, waren der Beschreibung einzelner österreichischer Bundesländer wie auch anderer Staaten gewidmet und belegen das große und allgemeine Interesse, das zu dieser Zeit in weiten, über die Geographie hinaus reichenden Kreisen seiner Arbeit entgegengebracht wurde.

Seine Erkenntnisse aus der Luftbildphotographie führten bald zu einem neuen wissenschaftlichen Arbeitsgebiet, nämlich der Luftbildarchäologie. In einer der ersten Arbeiten („Carnuntum – Rom an der Donau", 1973) bewies er, dass diese römische Siedlung um ein Mehrfaches größer war als bis damals angenommen. Weiters sei auch der Band „Archäologie in Österreich, Flugbilder – Fundstätten – Wanderungen" (1983) erwähnt.

Inzwischen hatte sich auch die Photographie aus dem Weltraum etabliert und weiterentwickelt, und es überrascht daher nicht, dass Beckel seine Aufmerksamkeit mit unvermindertem Druck auf das neue Medium richtete. Um dort Boden zu gewinnen, bemühte sich Beckel – nach seinem Ausscheiden aus der „Welthandel" – bereits in einer sehr frühen Phase um die Zusammenarbeit mit internationalen Institutionen, allen voran der NASA, um die Erkenntnisse dieses zwischenzeitig sehr breit gewordenen Feldes schrittweise zu integrieren. Bereits 1976 erschien „Österreich im Satellitenbild", 1982 „Die Alpen – Weltraumbildkarte" oder 1996 „Österreich – Ein Porträt in Luft- und Satellitenbildern", in dem Schräg- und Satellitenbilder einander gegenübergestellt wurden.

Aus der Überzeugung, dass diese neuen Forschungsmethoden und -techniken weiter ausgebaut und nutzbar gemacht werden müssen, hat sich Beckel – gegen erhebliche Widerstände – mit Nachdruck und letztlich erfolgreich dafür eingesetzt, dass unser Land Mitglied auch der Europäischen Raumfahrtagentur (European Space Agency, ESA) wird. Bei diesen langwierigen, Geschick und

Geduld erfordernden Initiativen hat ihm der damalige Bundespräsident Dr. Rudolf Kirchschläger entscheidende Hilfestellung gegeben. Die Verbindung zur ESA hat sich später in der Herausgabe des Bandes „Megacities – Ein Beitrag der Europäischen Raumfahrtagentur zum besseren Verständnis einer globalen Herausforderung" (2001) sehr erfolgreich niedergeschlagen.

Aber nicht das Bild oder die Darstellung per se war das Wichtige oder gar Selbstzweck, vielmehr stellte sich die Frage, in welcher Weise und welchem Ausmaß die neue Technik und ihre Ergebnisse zur Wissensmehrung für andere Disziplinen genutzt werden können. Archäologie war ein versprechender Anfang, dazu fügten sich bald weitere Themen unserer Zeit wie etwa „Umweltschutz – Fernerkundung" (eine Projektstudie mit dem BM für Gesundheit und Umweltschutz, 1974), Bodennutzung, Bodenschätze, vor allem aber die Wasserversorgung. Sein Engagement und Wissen brachte es mit sich, dass er in verschiedene internationale Gremien, auch der UNO, berufen wurde.

Das weite Feld der Landeskunde wurde ebenso wie der Schulunterricht zu neuen Zielgruppen: für die Landesregierung wurden die Bilder eine neuartige Hilfestellung bei der Raumplanung, den Schülern von Unter- und Oberstufe wurde der Luftbildatlas zum wertvollen, neuzeitlichen Unterrichtsbehelf. Heute gehören Luftaufnahmen von Beckel in fast allen Schulatlanten und vielen Geographie-Lehrbüchern zur Standardausstattung. Auch eine Analyse des Golfkriegs 1991 ist anhand von Luftbilddokumenten (1992) erfolgt.

Beckel ist der Anstoß und das Weiterführen der Vernetzung der neuen Disziplin Fernerkundung mit vielen „traditionellen" Disziplinen zuzuschreiben, womit er eine ganze Flucht von Türen aufgestoßen hat. Schon bald wurde er an der Universität von Bonn auf dem Gebiet der Fernerkundung habilitiert; dabei ist zu erwähnen, dass alle diese Leistungen neben einem wissenschaftsfernen "Hauptberuf" erbracht wurden. Seit mehreren Jahren kann er sich nunmehr dem von ihm gegründeten Unternehmen GEOSPACE AUSTRIA widmen.

Alles zusammen: Vielseitige Interessen, Engagement von größter Intensität, mutiges, unerschrockenes Vorgehen und qualifizierter Input sind die Ingredienzen, die zur Kontur des Pioniers führen, dem Attribut, das für Beckel unangefochten zutrifft. Es hieße aber, seine Persönlichkeit nicht vollständig darzustellen, würde nicht erwähnt, dass er verheiratet und Vater von zwei Töchtern ist. Dem Vater ähnlich, hat Mag. Julia Beckel das Studium der Geographie und Kartographie an der Universität Wien absolviert und unterstützt ihn, seinen Spuren folgend, in der GEOSPACE AUSTRIA.

Lothar Beckel: Mit herzlichen Grüßen zum runden Geburtstag! Ad multos annos!

Stefan Skowronek
namens des Vorstands der
Österreichischen Gesellschaft für Wirtschaftsraumforschung

Verzeichnis der Veröffentlichungen von Lothar Beckel

zusammengestellt von Felix Jülg und Stefan Skowronek
unter Mitwirkung von Julia Beckel

PUBLIKATIONSLISTE
Dr. Lothar BECKEL / GEOSPACE

A) Diplomarbeit:

1958 **Der Hafen von Barcelona.**
72 Bl., Wien, Hochsch. für Welthandel, Hausarbeit, 1958.

B) Dissertation:

1961 **Die Beziehungen der Stadt Salzburg zu ihrem Umland, mit Berücksichtigung des Einflusses der Staatsgrenze auf die Salzburger Wirtschaft.**
311 Bl., Wien, Hochsch. für Welthandel, Diss., 1962.

C) Habilitationsschrift:

1981 **Diercke Weltraumbild-Atlas. – Fernerkundung und Archäologie. – Entwicklung und Stand der Fernerkundungstechnik von Satelliten und ihre Anwendung für Geographie und Kartographie.**
Salzburg, Univ., naturwiss. Habil.-Schrift 1982.

----

1. 1962 **Die Handelsbeziehungen der Stadt Salzburg zu ihrem Umland**
in: „Der Markt", Zeitschrift für Absatzwirtschaft und Absatzpolitik, Wien 1962, Heft 4, S. 108-115, 1 Karte.

2. 1963 **Der ägyptische Handel**
in: „Der Markt", Wien 1963, Heft 7, S. 83-91.

3. 1964 **Der ägyptische Außenhandel**
in: „Der Markt", Wien 1964, Heft 9, S. 19-22.

4. **Die Rettung von Abu Simbel**
in: „Salzburger Volksblatt", Salzburg, 04.01.1964, S. 17.

5. **Entwicklungsländer – Märkte der Zukunft?**
in: „Der Markt", Wien 1964, Heft 12, S. 109-114.

6. 1965 **Fremdenverkehrsplanung für die Stadt Baden**
gemeinsam mit W. Havelec, R. Poschacher, H. Plank und B. Schober. Herausgegeben vom Institut für Fremdenverkehrsforschung an der Hochschule für Welthandel, Wien 1965, 192 S., 1 Karte.

7. 1966 **Fremdenverkehrsplanung für die Kurgemeinde Puchberg am Schneeberg**
gemeinsam mit P. Bernecker und H. Plank. Herausgegeben vom Institut für Fremdenverkehrsforschung an der Hochschule für Welthandel, Wien 1966, 127 S., 14 Bilder, 1 Karte.

8. **1965/** Mitherausgeber der „**Festschrift Leopold G. Scheidl**"
    1967 Band 1: gemeinsam mit H. Baumgartner, F. Fischer, F. Mayer und F. Zwittkovits. Verlag F. Berger u. Söhne, Horn/Wien 1965, 394 S., Bilder, Karten, Tabellen.
    Band 2: gemeinsam mit H. Lechleitner, Wien 1967, 397 S., Bilder, Karten und Tabellen.

9. **1969** **Luftbildatlas Österreich**
    gemeinsam mit H. Fischer, F. Jülg und K. Scheidl. Herausgegeben von L. Scheidl. Verlag Freytag & Berndt u. Artaria KG, Wien, und Karl Wachholtz Verlag, Neumünster, 1969, 198 S., 80 Bilder, 1 Karte.

10. **1971** **Fremdenverkehrsentwicklungsplanung für die Marktgemeinde Schruns**
    gemeinsam mit H. Plank. Herausgegeben vom Institut für Fremdenverkehrsforschung an der Hochschule für Welthandel, Wien 1971, 224 S., 20 Bilder, 1 Karte.

11.   **Bildteil in „Neuer Schulatlas"**
    Verlag Freytag & Berndt u. Artaria KG, Wien 1971, Flugaufnahmen S. 6-8.

12. **1972** **Pakistan – practical advices for tourism development**
    verfaßt im Rahmen der österreichischen bilateralen Entwicklungshilfe, vervielfältigt im Österr. Bundesministerium für Auswärtige Angelegenheiten, 108 S., mit Bildern und Kartenbeilagen.

13. **1973** **Carnuntum – Rom an der Donau** (Luftbildarchäologie)
    gemeinsam mit E. Vorbeck. Otto Müller Verlag, Salzburg 1973, 172 S., 75 Bilder; Salzburg 1974, 2. Auflage 5.-11. Tausend.

14.   **Harms – Schulwandbildserie Österreich in Luftaufnahmen**
    20 Bilder österreichischer Kulturlandschaften, im Großformat, mit einem Textheft von F. Prillinger, Verlag Karl Höfle, Salzburg, und Paul List Verlag, München.

15.   **Luftbildatlas „Bayern"**
    gemeinsam mit H. Fehn. Eine Landeskunde in 72 farbigen Luftaufnahmen, Paul List Verlag, München, und Karl Wachholtz Verlag, Neumünster, 1973, 177 S.

16.   **Im Flug über Österreich**
    gemeinsam mit G. Stenzel. Otto Müller Verlag, Salzburg 1973, 201 S., 100 Bilder; Salzburg 1974, 2. Auflage 11.-17. Tausend.

17.   **Von Burg zu Burg in Österreich**
    von G. Stenzel, Luftbildteil: L. Beckel. Verlag Kremayr & Scheriau, Wien 1973, 224 S.; 1974 2. erweiterte Auflage, 248 S.

18. **1974** **Projektstudie Umweltschutz – Fernerkundung**
    Zwischenbericht, Wien 1974, 172 S., 148 Abb. und Bildtafeln, im Auftrag des Österreichischen Bundesministeriums für Gesundheit und Umweltschutz, vervielfältigt.

19.   **Oberösterreich im Flug**
    gemeinsam mit G. Stenzel. Otto Müller Verlag, Salzburg 1974, 160 S., 80 Bilder.

20.   **Projektstudie Umweltschutz – Fernerkundung**
    Wien 1974, S. 9-75, 64 Abb., 4 Bildpläne, Forschungsprojekt des Bundesministeriums für Gesundheit und Umweltschutz – Sektion III.

21. **1975** **Die Erde neu entdeckt – Farbige Satellitenfotos**
    herausgegeben gemeinsam mit S. Schneider, in Zusammenarbeit mit der amerikanischen Weltraumbehörde NASA und unter Mitwirkung der Landesbildstellen der Bundesländer der Bundesrepublik Deutschland, Verlag Hase & Köhler, Mainz 1975, 140 S., 64 Bilder.

22. **Im Flug über Salzburg**
gemeinsam mit G. Stenzel. Otto Müller Verlag, Salzburg 1975, 160 S., 81 Bilder.

23. **East Kalimantan – Forest Industries Development**
gemeinsam mit G. Fleischmann, C. Guigonis u. Heinrich. 25 S., 5 Karten, 10 Luftaufnahmen, vervielfältigt, als „Report of the Austria/FAO Joint Preparatory Mission".

24. 1976 **Österreich im Satellitenbild** (mit interpretierenden Luftaufnahmen)
mit Textbeiträgen von A. Tollmann und F. Zwittkovits und einem Vorwort von NASA-Direktor W. Nordberg. Otto Müller Verlag, Salzburg 1976, 107 S., 69 Abb., davon 1 Satellitenbildkarte von Österreich und 22 Satellitenbilder mit interpretierenden Deckfolien.

25. **Landeskundlicher Flugbildatlas Salzburg**
gemeinsam mit F. Zwittkovits. Im Auftrag der Abteilung Raumplanung des Amtes der Salzburger Landesregierung, Otto Müller Verlag, Salzburg 1976, 100 lose Blätter, Format 53 x 42 cm, in Kassette. Ca. 600 Luftschräg- und Senkrechtaufnahmen, Satellitenbilder, Karten und Text in 3 Lieferungen. 1. Lieferung best. aus 33 Blättern.

26. **Von Schloß zu Schloß in Österreich**
von G. Stenzel, Luftbildteil: L. Beckel. Verlag Kremayr & Scheriau, Wien 1976, 255 S.

27. **Presentation of Remote Sensing Activities in Austria**
In: Proceedings ot the European Conference on Remote Sensing, Lyngby Sept. 1976, Veröffentlicht durch Council of Europe, Strasbourg 1976, S. 26 und 27.

28. 1977 **East Kalimantan – Forest Industries Development**
gemeinsam mit G. Fleischmann und F. Zwittkovits. Report of the Austria/ FAO Joint Preparatory Mission, published by the Austrian Federal Ministry of Foreign Affairs, Wien, 28 S., 9 Luftbildaufnahmen, Indexkarten, 2 Karten.

29. **Landeskundlicher Flugbildatlas Salzburg**
2. Lieferung, Otto Müller Verlag, Salzburg 1977, 33 Blätter.

30. **Im Flug über Deutschland**
gemeinsam mit der Landesbildstelle Rheinland-Pfalz und G. Stenzel. Otto Müller Verlag, Salzburg 1977, 200 S. und 100 Bilder.

31. **Von Stift zu Stift in Österreich**
von G. Stenzel, Luftbildteil: L. Beckel. Verlag Kremayr & Scheriau, Wien 1977, 267 S.

32. 1978 **Fernerkundung in Österreich**
gemeinsam mit E. Mondre (Projektleiter), J. Pollanschütz, K. Richter, H. Rott und P. Steinhauser. 112 S., im Auftrag des Bundesministeriums für Wissenschaft und Forschung, Wien 1978, veröffentlicht von der Österr. Ges. für Sonnenenergie und Weltraumfragen.

33. **Weltraumbildatlas – Deutschland, Österreich, Schweiz***
Herausgegeben gemeinsam mit J. Bodechtel und H. Haefner. Georg Westermann Verlag, Braunschweig 1978, 88 S., 67 Satellitenbilder, 1 Karte, Kartenskizzen und Textskizzen.

34. **Deutschland – Landschaften und Städte im Satelliten- und Luftbild**
gemeinsam mit J. Bodechtel und E. Strunk. Georg Westermann Verlag, Braunschweig 1978, 156 S., 131 Bilder.

35. 1979 **Von Stadt zu Stadt in Österreich**
von G. Stenzel, Luftbildteil: L. Beckel. Verlag Kremayr & Scheriau, Wien 1979, 300 S.

36. 1980 **Hilfe für die Archäologie aus der Luft**
in: „Salzburger Nachrichten", 18.07.1980, Sonderbeilage 750 Jahre Hallein, S. 11.

37. 1981 **Archäologie und Fernerkundung**
in: „Österr. Symposium Fernerkundung". Mitteilung der Forstlichen Bundesversuchsanstalt Wien, Wien 1981, Heft 135, S. 147-159.

38. **Austrian National Paper für die UNISPACE 1982**
gemeinsam mit H.J. Bolle, K.P. Heiss, E. Mondre und J. Ortner. Wien 1981, 34 + 10 S., vervielfältigt.

39. **Entwicklung und Stand der Fernerkundungstechnik von Satelliten und ihre Anwendung für Geographie und Kartographie**
in: Mitteilungen der Österreichischen Geographischen Gesellschaft, Wien 1981, Band 123, S. 17-54.

40. **Landeskundlicher Flugbildatlas von Salzburg**
Otto Müller Verlag, Salzburg 1981, 3. und letzte Lieferung bestehend aus 109 Blättern mit 9 Karten und 6 Kartenskizzen, 4 Satelliten- und 550 Luftaufnahmen.

41. **Diercke Weltraumbildatlas**
herausgegeben gemeinsam mit F. Mayer und H. Bodechtel. Georg Westermann Verlag, Braunschweig 1981, 156 S.

42. **Abstrakte Wirklichkeit – Das Bild der Erde aus dem Weltraum /**
Reality – The picture of the earth from outer space
in: Camera Austria, Zeitschrift für Fotografie, 6. Internationales Symposion der Sammlung Fotografis Länderbank Wien, Hrsg. und Verlag M. Willmann, Forum Stadtpark, Graz 1981, S. 33-36.

43. **Das andere Österreich. Die reale Perspektive**
Herausgegeben von Ch. Brandstätter und T. Franke, Luftbildteil: L. Beckel. Verlag F. Molden, Wien-München-Zürich 1981, 197 S.

44. 1982 **Die Alpen – Weltraumbildkarte**
Maßstab 1:600 000, Landsat Bildmosaik, zusammengesetzt aus 50 Landsat-Multispektral-Aufnahmen. Kartographische Anstalt Georg Westermann, Braunschweig 1982.

45. 1983 **Archäologie in Österreich. Flugbilder – Fundstätten – Wanderungen**
gemeinsam mit O. Harl. Residenz Verlag, Salzburg/Wien 1983, 187 S.

46. **Images of the World**
Rand McNally & Company, Amerikanische Lizenzausgabe des „Diercke Weltraumbild-Atlas", Westermann 1981, printed in the United States of America 1983, 160 S.

47. **Retrospektive. Wasserwirtschaft in Syrien und Kuwait**
in: Marhaba, Österr.-Arab. Zeitschrift für Wirtschaft und Kultur, herausgegeben von: Marhaba – Verein zur Förderung österreichisch-arabischer Beziehungen, Wien 1983, Bd. 516, S. 85f.

48. **sbz Folienbuch Österreich**
exemplarische Auswahl von Schrägluftaufnahmen zu den Leitthemen: Raum – von Natur und Mensch geprägt, Raum – Siedlung, Raum – Wirtschaft, Raum – Ökologie; Luftbildteil: L. Beckel. Herausgegeben von sbz Schulbuchbedarf Handelsges.m.b.H. für Didaktik und Unterrichtstechnologie, mit 60 Aufnahmen.

49. 1984 **Die Raumfahrt wird kommerzialisiert**
Artikel in: Internationale Wirtschaft Nr. 4, Wien 1984, S. 10.

50. **Österreich muß Raumfahrtnation werden**
Artikel in: Internationale Wirtschaft Nr. 6, Wien 1984, S. 10.

51. **Images of the World**
Collins & Longman Atlas, Amerikanische Lizenzausgabe des "Diercke Weltraumbild-Atlas", Westermann 1981, printed in the United States of America 1984, 175 S.

52. **Das Dorf in Österreich**
von G. Stenzel, Luftbildteil: L. Beckel. Verlag Kremayr & Scheriau, Wien 1984, 176 S.

53. **Fruit Fly Project in Egypt**
Report on the Use of Satellite Data. Gem. mit F. Zwittkovits. Prepared for the Insect and Pest Control Section, Joint FAO/IAEA Division of Isotop and Radiaton Application on Atomic Energy and Agricultural Development,
Wien 1984, Part I: 12 S., 24 Bilder, Part II: 7 S., 19 Bilder, 4 Karten.

54. **Weltraumbild-Atlas**
Teikoku-Shoin Verlag, Japanische Lizenzausgabe des „Diercke Weltraumbild-Atlas", Westermann 1981, Tokio 1984, 160 S.

55. 1985 **Austria and Earth Observation from Outer Space: William Nordberg and the Landsat Satellite** und **Austria and Space Flight**
zwei Aufsätze in: „Sound of Austria – a Synopsis", Internationale Publikationen, Wien 1985, S. 82-85, published by the Bundeskanzleramt, Bundesministerium für Wissenschaft und Forschung and the Bundeskammer der gewerblichen Wirtschaft.

56. **Großglockner – Saumpfad, Römerweg, Hochalpenstraße**
gem. mit C.M. Hutter, Residenz Verlag, Salzburg 1985, 196 S., 100 Bilder.

57. **SPOT – ein neuer Erdbeobachtungssatellit**
in: Zweites Österreichisches Symposium für Fernerkundung, Mitteilungen der Forstlichen Bundesversuchsanstalt, Wien 1985, 7 S.

58. **Am 12. Jänner startet der neue Erdbeobachtungssatellit SPOT**
Aufsatz in: Österreichische Bürgermeisterzeitung Nr. 12, 18.12.1985, S. 4-5.

59. 1986 **Landsat TM-Satellitenbildkarte, Blatt Linz 48/14**
Maßstab 1:200 000, Geospace Verlag, Bad Ischl 1986.

60. **Durch Satellitenaufnahmen zu einem besseren Österreichbild**
in: Österreich in Geschichte und Literatur mit Geographie, Wien 1986, Heft 1/86.

61. **Luftbildfotografie – Faszination des Blickes von oben**
Aufsatz in: Photograph – Österr. Monatsjournal für angewandte Photographie und Medien, Wien, 19. Jahrgang, Heft 1/86, S. 19-27.

62. 1988 **GEOSPACE: Die autorisierte Vertriebsstelle von SPOT-IMAGE, EURIMAGE und EOSAT für Österreich**
in: Wiener Schriften zur Geographie und Kartographie, Institut für Geographie der Universität, Wien 1988, Band 1, S. 206-217.

63. **Das neue Bild der alten Welt – Ein Satellitenbild-Atlas**
gemeinsam mit F. Zwittkovits. RV-Verlag Berlin-Gütersloh-München-Stuttgart 1988, 256 S.

64. **Österreich – Satellitenbild-Atlas**
gemeinsam mit F. Zwittkovits. Druckhaus Nonntal, Bücherdienst, Salzburg 1988, 239 S.

65. **Satellitenaufnahmen und ihre Einsatzmöglichkeiten für die Raumplanung**
in: Mitteilungen und Berichte 1 + 2/1988 des Salzburger Institutes für Raumforschung [SIR], Salzburg 1988, S. 38-51.

66. **Kunstwerk Stadt – „Österreichische Stadt- und Ortsdenkmale"**
hg. v. Bundesdenkmalamt, Luftaufnahmen L. Beckel. Residenz Verlag, Salzburg-Wien 1988.

67. 1989 **Satellitenaufnahmen im „Österreichischen Unterstufenatlas"**
Neubearbeitung 1989, Verlag E. Hölzel, Wien 1989.

68. **Satellitenaufnahmen im „Österreichischen Oberstufenatlas"**
Neubearbeitung, Verlag Freytag & Berndt, Wien 1989.

69. **Österreich in Satellitenbildern und Karten**
Satellitenbildteil auf S. 68-87 des Tagungsführers – Erste Kartographische Vierländertagung, zugleich 38. Deutscher Kartographentag, Wien 1988.

70. **SPOT- und LANDSAT TM-Daten für den Einsatz in der Kartographie**
in: Wiener Schriften zur Geographie und Kartographie, Band 2, Institut für Geographie der Universität, Wien 1988, S. 54-65.

71. **Darstellung dynamischer Vorgänge durch Satellitenaufnahmen**
in: Wiener Schriften zur Geographie und Kartographie, Band 3, Institut für Geographie der Universität, Wien 1989, S. 62-67.

72. **Diercke Weltraumbildatlas**
gemeinsam mit F. Mayer und H. Bodechtel, 2. ergänzte Auflage. Lizenzausgaben in GB, USA, Japan, Georg Westermann Verlag, Braunschweig 1989.

73. **Satelliten Bildatlas Europe**
gemeinsam mit F. Zwittkovits. Schwedische Lizenzausgabe von „Das neue Bild der alten Welt", RV-Verlag 1988, Stockholm 1989, 224 S.

74. **Europa vanuit de Ruimte**
gemeinsam mit F. Zwittkovits. Holländische Lizenzausgabe von „Das neue Bild der alten Welt", RV-Verlag 1988, ECI, Vianen 1989, 256 S.

75. **La Nueva Imagen del Viejo Mundo**
gemeinsam mit F. Zwittkovits. Spanische Lizenzausgabe von „Das neue Bild der alten Welt", RV-Verlag 1988, Barcelona 1989, 256 S.

76. **Österreich aus der Luft**
gemeinsam mit J. Koren. Pinguin Verlag, Innsbruck 1989, 126 S.

77. 1991 **Österreich Satellitenbildatlas**
gemeinsam mit F. Zwittkovits. Druckhaus Nonntal, Bücherdienst, Salzburg 1991, 239 S., 3. Auflage.

78. **Satellitenbildatlas Deutschland**
gemeinsam mit R. Winter. RV Reise- und Verkehrsverlag, München/Stuttgart 1991, 239 S., 1. Auflage.

79. **Satellitenbilder im Unterricht**
ORBIT-Verlag Reinhard Maetzel, Bonn 1991, 2. erweiterte Auflage.

80. **Die Erde aus dem Weltraum fotografiert**
Satellitenbildkarte von Tom van Sant Inc., hrsg. gemeinsam mit Geospace / RV Reise- und Verkehrsverlag /GEO, Geospace Verlag, Bad Ischl 1991.

81. **Eingriffe in die Natur im Alpenraum**
Tagungsband: 7. Nutzerseminar des Deutschen Fernerkundungsdatenzentrums der DLR, Herausgeber: R. Winter und W. Markwitz, Deutsche Forschungsanstalt für Luft- und Raumfahrt, Oberpfaffenhofen 1991, DLR Mitteilungen Mit. 91-09.

82. **Satellitenbildkarte Österreich**
ÖSK 500/1, Maßstab 1:500 000, Format 126 x 83 cm, L. Beckel (Hg.), F. Forster. Geospace Verlag, Bad Ischl 1991, Interpretationstext, 18 S.

83. **Satellite image maps of Libya**
scale 1:50 000, from Landsat TM & Spot P data merged, produced by customers order for screw worm project in Libya, 114 mapsheets 50 x 50 cm, unpublished.

84. 1992 **Satellitenbildatlas Norddeutschland**
gemeinsam mit R. Winter. RV Reise- und Verkehrsverlag, München/Stuttgart 1991, 80 S.

85. **Satellitenbildatlas Bayern**
gemeinsam mit R. Winter. RV Reise- und Verkehrsverlag, München/Stuttgart 1991, 80 S.

86. **The Environmental Impact of the Golf War as seen from Space**
gemeinsam mit M. Tarabzouni, Riyadh. In: Book of Abstracts „The World Space Congress", S. 340, Washington 1992.

87. **Satellitenbilder im Unterricht**
in: Der Photograph, Verlag für photographische Literatur, Wien 1991.

88. **Satellitenbildatlas Deutschland**
gemeinsam mit R. Winter. RV Reise- und Verkehrsverlag, München/Stuttgart 1991, 239 S., 2. Auflage.

89. 1994 **Change Detection Case Study at Sahel Zone**
L. Beckel für ESA 123225, unpublished, 28 S., 1994.

90. **The Seeing Eye in Space**
Austria Today Verlag, Wien 1994, Heft 1/94, S. 47-49.

91. **Satellitenbildatlas Baden Württemberg**
RV Reise- und Verkehrsverlag, München/Stuttgart 1994, 80 S.

92. **Satellitenbildatlas Österreich**
RV Reise- und Verkehrsverlag, München/Stuttgart 1994, 80 S.

93. **Satellitenbildatlas Nordrhein Westfalen**
gemeinsam mit R. Winter, RV Reise- und Verkehrsverlag, München/Stuttgart 1994, 80 S.

94. 1995 **Remote Sensing Forest Atlas of Europe**
Justus Perthes Verlag Gotha 1995, 256 S.

95. 1996 **Global Change : Satellitenbilder dokumentieren, wie sich die Welt verändert**
RV Reise- und Verkehrsverlag, München/Stuttgart 1996.

96. **Satellitenbildatlas Schweiz**
RV Reise- und Verkehrsverlag, München/Stuttgart 1996, 96 S.

97. **Satellitenbildteil in: Die Welt, der kompakte Hausatlas**
Bertelsmann Verlag New World Edition, München/Stuttgart 1996, 410 S., Satellitenbildteil 33 S.

98. **Die Welt, Reiseatlas**
Bertelsmann Verlag New World Edition, München/Stuttgart 1996, 96 S.

99. **Großer Atlas der Welt mit CD-ROM**
Bertelsmann Verlag New World Edition, München/Stuttgart 1996, 584 S.

100. **The Book of the World**
Macmillan, New York/USA 1996, 534 S., 64 Bilder.

101. **Deutschland, Porträt einer Nation**
Bertelsmann Lexikothek Verlag, Gütersloh 1996, 360 S.

102. **Satellitenbilder, eine Einführung**
in: Deutschland, Porträt einer Nation, Bertelsmann Lexikothek Verlag, Gütersloh 1996, S. 12-18.

103. **Vierhundert Jahre Mercator, Vierhundert Jahre Atlas**
(Sonderdruck) Rudolf Winter, Lothar Beckel et al., Anton H. Konrad Verlag, 1996.

104. **Satellitenbildatlas Ostdeutschland**
gemeinsam mit R. Winter, RV Reise- und Verkehrsverlag, München/Stuttgart 1996, 96 S.

105. **Satellitenbildatlas Baden Württemberg**
2. Auflage 1996, RV Reise- und Verkehrsverlag, München/Stuttgart 1994, 80 S.

106. **Satellitenbildatlas Österreich**
2. Auflage 1996, RV Reise- und Verkehrsverlag, München/Stuttgart 1994, 80 S.

107. **Österreich – Ein Porträt in Luft- und Satellitenbildern**
gemeinsam mit F. Forster. Geospace Verlag, Salzburg 1996, 168 S.

108. **Space Image Atlas Syria**
Lothar Beckel (Hg.), in Zusammenarbeit mit G.O.R.S., Geospace Verlag, Salzburg 1996, 168 S.

109. **Erdbeobachtungssatelliten: Systeme, Daten, Datenverfügbarkeit, Datenzugriff, Kosten**
in: VGI Österr. Zeitschrift für Vermessung und Geoinformation, Wien 1996, Heft 1/1996, S. 13-17.

110. 2000 **Landeskundlicher Flugbildatlas Salzburg**
Erweiterte Neuausgabe, Blatt 01, 02, Blätter 110-130, Erstausgabe 1981, limitierte Auflage von 300 Exemplaren, Gesamtumfang 130 Blätter, Format 52 x 42 cm, Geospace Verlag, Salzburg 2000.

111. 2001 **Megacities Atlas**
Ein Beitrag der Europäischen Raumfahrtagentur zum besseren Verständnis einer globalen Herausforderung. Lothar Beckel (Hg.), Geospace Verlag, Salzburg 2001, 264 S.
1. Auflage in deutscher Sprache, 1. Auflage in englischer Sprache,
Sonderauflage ESA – European Space Agency.

112. 2002 **Megacities Atlas**
2. Auflage in englischer Sprache, Lothar Beckel (Hg.), Geospace Verlag, Salzburg 2002, 264 S.

113.   Satellitenbildteil in: **Przyroda Atlas Swiata**
         ZAK Wydawnictwo Edukacyjne, Warschau 2002, 57 S., 19 Bilder.

114.   **Syria – Archaeology from Space**
         Lothar Beckel (Hg.), in Zusammenarbeit mit G.O.R.S., Geospace Verlag, Salzburg 2002, 151 S.

115. 2004 **Österreich Satellitenbild Atlas**
         Lothar Beckel (Hg.), Geospace Verlag, Salzburg 2004, 144 S.

116. 2005 **Space Image Atlas „Water for the world"**
         in Vorbereitung, 256 S., erscheint 2005.

117.   **„The European Space Agency School Atlas – Education from Space"**
         in Vorbereitung, 156 S., erscheint 2005.

118.   **„The European Space Agency School Atlas – Österreich"**
         Sonderdruck, Geospace Verlag, 2005, 16 S.

Satellitenbildkarten

Erläuterung: M = Maßstab

1. 1990 **Satellitenbildkarte Österreich**
         ÖSK 500, M 1:500 000, Format 126 x 83 cm, Geospace Verlag, Bad Ischl 1990.

2. 1991 **Satellitenbildkarte Krems**
         ÖSK 50/38, M 1:50 000, Format 49 x 69 cm, Geospace Verlag, Bad Ischl 1991.

3.   **Satellitenbildkarte Oberösterreich**
         ÖSK 200/1, M 1:200 000, Format 100 x 98 cm, Geospace Verlag, Bad Ischl 1991.

4. 1992 **Satellitenbildkarte Großglockner**
         ÖSK 50/153, M 1:50 000, Format 49 x 69 cm, Vorderseite: Satellitenbildkarte in naturnahen Farben, Rückseite: Anaglyphen-Satellitenbildkarte, Geospace Verlag, Bad Ischl, 1992.

5. 1993 **Satellitenbildposter „Kuwait from Space"**
         M 1:75 000, Format 95 x 63 cm, Satellite Image Map from Landsat TM & Spot Data, Geospace Verlag, Bad Ischl 1993.

6.   **Satellitenbildkarte Salzburg**
         ÖSK 200/3, M 1:200 000, Format 85 x 94 cm, gemeinsam herausgegeben mit dem Geographischen Institut der Universität Salzburg, Geospace Verlag, Bad Ischl 1993.

7.   **Satellitenbildposter Europa**
         EUSK 6000/1, M 1:6 Mio., Format 88 x 98 cm, Mosaik Europas aus Aufnahmen von NOAA-AVHHR, Geospace Verlag, Bad Ischl/Salzburg 1993.

8. 1994 **Satellitenbildposter Stadt Salzburg**
         ÖSK 50/S3, M 1:50 000, Format 50 x 70 cm, aufgenommen von Landsat und SPOT Daten, Geospace Verlag, Bad Ischl 1994.

9.   **Satellitenbildposter Graz**
         ÖSK 50/S4, M 1:50 000, Format 50 x 70, aufgenommen von Landsat und SPOT Daten, Geospace Verlag, Bad Ischl 1994.

10. **Satellitenbildkarte Europa**
EUSM 6000/2, M 1:6 Mio., Format 85 x 100 cm, aufgenommen von AVHRR, Geospace Verlag, Bad Ischl 1994.

11. **Satellitenbildkarte Wien**
ÖSK 50/S1, M 1:50 000, Format 74 x 68 cm, aufgenommen von Landsat und SPOT Daten, gemeinsam herausgegeben mit MA 30, Wien, Geospace Verlag, Bad Ischl 1994.

12. **Satellitenbildkarte Niger Inland Delta**
M 1:1,5 Mio., Format 70 x 60 cm, aufgenommen von Landsat MSS Daten, Geospace Verlag, Bad Ischl 1994.

13. **Satellitenbildkarte Deutschland**
GSK 1000: GSIM D-01E.1, M 1:1 Mio., Format 79 x 101 cm, RV Reise- und Verkehrsverlag, München/Stuttgart 1994.

14. **Satellitenbildkarte Damascus**
M 1:50 000 und M 1:25 000, Landesverlag Handelsgesellschaft m. b. H., Linz 1994.

15. **Satellitenbildposter „Die Erde – Das neue Satellitenbildmosaik unserer Welt"**
Version Stacy, 1:257 Mio., Format 95 x 68, Geospace Verlag, Salzburg 1994.

16. **Satellitenbildkarte Sudeten (westlicher Teil)**
GSIM CS 200/S1, M 1:200 000, Format 90 x 81 cm, herausgegeben gemeinsam mit IGM, Geospace Verlag, Salzburg 1995.

17. **Satellitenbildkarte Erzgebirge**
GSIM CS 200/S2, M 1:200 000, Format 90 x 81, herausgegeben gemeinsam mit IGM, Geospace Verlag, Salzburg 1995.

18. **Satellitenbildkarte „Syria from Space"**
GSIM 1000: GSIM SYR S1, M 1:1 Mio., in Zusammenarbeit mit G.O.R.S., Geospace Verlag, Salzburg 1995.

19. 1996 **Satellitenbildkarte St. Pölten**
ÖSK 50/S7, M 1:50 000, Format 50 x 70 cm, Geospace Verlag, Salzburg 1996.

20. **Satellitenbildkarte Nationalpark Neusiedlersee**
ÖSK 50/S12, M 1:50 000, Format 71 x 103 cm, Geospace Verlag, Salzburg 1996.

21. **Satellitenbildkarte Nationalpark Donau Auen**
ÖSK 50/S11, M 1:50 000, Format 89 x 53 cm, Geospace Verlag, Salzburg 1996.

22. **Satellitenbildkarte Nationalpark Hohe Tauern**
ÖSK 100/S2, M 1:100 000, Format 109 x 74 cm, Geospace Verlag, Salzburg 1996.

23. 1997 **Satellitenbildkarte Steiermark**
ÖSK 200/S5, M 1:200 000, Format 110 x 88 cm, Geospace Verlag, Salzburg 1997.

24. **Satellitenbildkarte Klagenfurt**
ÖSK 50/4107, M 1:50 000, Format 59 x 61 cm, Entwurf n. Fasching, UTM Projektion, Geospace Verlag, Salzburg 1997.

25. **Satellitenbildkarte „Sichuan Basin (China)"**
GSIM G-12E/SI, M 1:1 Mio., Format 118 x 85 cm, in Zusammenarbeit mit IGM, Geospace Verlag, Salzburg 1997.

26. **Satellitenbildmosaik „Die Alpen / The Alps"**
GSIM D01E/EU-81, M 1:1 Mio., Format 109 x 90 cm, Geospace Verlag, Salzburg 1997.

27. 1998 **Satellitenbildkarte Niederösterreich**
ÖSK 200/S4, M 1:200 000, Format 115 x 105 cm, Geospace Verlag, Salzburg 1998.

28. **Satellitenbildkarte Oberösterreich**
ÖSK 200/S2, M 1:200 000,Format 100 x 98 cm, Geospace Verlag, Salzburg 1998.

29. **Satellitenbildkarte Bucharest**
GSIM E-03E, M 1:1,5 Mio., Format 76 x 63 cm, Geospace Verlag, Salzburg 1998.

30. **Satellitenbildkarte Insalah**
GSIM H01E, M 1:1,5 Mio., Format 76 x 63 cm, in Zusammenarbeit mit IGM, Geospace Verlag, Salzburg 1998.

31. **Satellitenbildkarte Milano**
GSIM E02E, M 1:1,5 Mio., Format 76 x 63 cm, in Zusammenarbeit mit IGM, Geospace Verlag, Salzburg 1998.

32. **Satellitenbildkarte Schweiz**
GSIM E-01E/EU-S2, M 1:350 000, Format 113 x 85 cm, in Zusammenarbeit mit IGM, Geospace Verlag, Salzburg 1998.

33. **Satellitenbildkarte Sumauma**
GSIM N07W, M 1:1,5 Mio., Format 76 x 63 cm, in Zusammenarbeit mit IGM, Geospace Verlag, Salzburg 1998.

34. 1999 **Satellitenbildkarte „Der Bodensee – Eine Ansicht aus dem Weltall"**
Geospace Verlag, Salzburg 1999.

35. **Satellitenposter „Die Erde 8 Uhr MEZ"**
Format 68 x 80 cm, Geospace Verlag, Salzburg 1999.

36. 2000 **Satellitenposter „Oceans – The source of life"**
Format 55 x 98 cm, Geospace Verlag, Salzburg 2000.

37. **Satellitenposter „Salzburg – Eine Ansicht aus dem Weltall"**
Format 57 x 75 cm, IKONOS-Aufnahme, Geospace Verlag, Salzburg 2000.

38. **Satellitenposter „Graz – Eine Ansicht aus dem Weltall"**
Format 57 x 75 cm, IKONOS-Aufnahme, Geospace Verlag, Salzburg 2000.

39. **Satellitenposter „Wien – Eine Ansicht aus dem Weltraum"**
Format 57 x 75 cm, IKONOS-Aufnahme, Geospace Verlag, Salzburg 2000.

40. **Satellitenposter „Wien – Eine Ansicht aus dem Weltraum" (Übersicht)**
Format 57 x 75 cm, IKONOS-Aufnahme, Geospace Verlag, Salzburg 2000.

41. **Satellitenposter „Linz – Eine Ansicht aus dem Weltall"**
Format 57 x 75 cm, IKONOS-Aufnahme, Geospace Verlag, Salzburg 2000.

42. **Eurosat Chart Satelliten Luftfahrtkarte Germany**
M 1:500 000, Geospace Verlag, Salzburg 2000.

43. 2001 **Eurosat Chart Satelliten Luftfahrtkarte Germany**
M 1:500 000, Geospace Verlag, Salzburg 2001.

44. 2002 **Eurosat Chart Satelliten Luftfahrtkarte Germany**
M 1:500 000 Edition 2002, Geospace Verlag, Salzburg 2002.

45. **Satellitenbildposter „Afrika"**
Format 68 x 89,5 cm, Geospace Verlag, Salzburg 2002.

46. **Satellitenbildposter „Europa"**
Neuauflage, Format 68 x 89,5 cm, Geospace Verlag, Salzburg 2002.

47. 2003 **Satellitenbildkarte Salzburg**
Neuauflage, M 1:200 000, Geospace Verlag, Salzburg 2003.

48. **Satellitenbildkarte „Die Alpen"**
Neuauflage, M 1:1 000 000, Geospace Verlag, Salzburg 2003.

49. **Satellitenbildposter „Kilimanjaro"**
M 1:160 000, Geospace Verlag, Salzburg 2003.

50. **Satellitenbildposter „Afrika"**
2. Aufl., Geospace Verlag, Salzburg 2003.

51. 2004 **Satellitenbildkarte Oberösterreich**
Neuauflage, M 1:200 000, Geospace Verlag, Salzburg 2004.

52. **Satellitenbildkarte Tirol**
M 1:200 000, Geospace Verlag, Salzburg 2004.

53. **Satellitenbildkarte Kärnten**
M 1:200 000, Geospace Verlag, Salzburg 2004.

54. **Satellitenbildkarte Deutschland**
M 1:1 500 000, Geospace Verlag, Salzburg 2004.

55. **Satellitenbildposter "Catchment Basin of Danube River"**
M 1:2 000 000, Geospace Verlag, Salzburg 2004.

CD-ROM

- **China, Digital Satellite Image Atlas**, Ed. Sichuan Basin (1998)
- **Eye in the Sky – Die Alpen 3D** (1998)
- **Österreich aus dem All – 3D** – 2. verbesserte u. erweiterte Auflage
- **Deutschland aus dem All – 3D** – 3. verbesserte u. erweiterte Auflage
- **Salzburg City Guide** (2000)
- **Graz City Guide** (2000)
- **Linz City Guide** (2001)
- **World Economic Forum** / WEF (2001)
- **Yangtse Catchment Basin and Shanghai Region** (2001)
- **Wien City Guide** (2002)
- **Salzburg City Guide**, 2. Auflage (2002)
- **Flut Österreich** (August 2002)

4. Kolloquium „Raum und Wirtschaft"

Diese Vortragsreihe wird gemeinsam von A^RWI und ÖGW als Plattform für den Erfahrungsaustausch zwischen Wissenschaft, Wirtschaft und Planungspraxis veranstaltet.

Vorträge im Sommersemester 2004:

Mittwoch, 10. März 2004
  Univ. Doz. Dr. Peter JORDAN *(Österr. Ost- u. Südosteuropainstitut)*:
  Kroatien und die europäische Integration
  (zur Vorbereitung der Adria-Exkursion von A^RWI und ÖGW)

Mittwoch, 12. Mai 2004
  Der vorgesehene USA-Vortrag musste infolge der überraschenden
  Absage der USA-Exkursion aus budgetären Gründen leider entfallen!

Mittwoch, 9. Juni 2004
  Mag. Alexander WIMMER *(Weinakademie Österreich)*:
  Auswirkungen des Klimawandels auf die Weinwirtschaft und
  Weinbauregionen

Mittwoch, 23. Juni 2004
  Mag. Thomas NOVOSZEL *(südburgenland plus)*:
  Regionale Entwicklung im Südburgenland – Erfolge, Erfahrungen
  und Probleme mit Leaderplus

Vorträge im Wintersemester 2004/05:

Mittwoch, 20. Oktober 2004
  Privatdoz. Dr. Rudolf JUCHELKA *(Univ. Duisburg – Essen)*:
  Globalisierung im Dienstleistungssektor – eine wirtschaftsgeographische
  Betrachtung zum Luftverkehr
  (Festkolloquium zum 60. Geburtstag von Prof. Staudacher)

Mittwoch, 24. November 2004
  Univ.-Prof. Dr. Klaus ARNOLD *(WU)*, Mag. Alexander AIGNER *(Fa. AIVET)*:
  eLearning in der betrieblichen und schulischen Weiterbildung

Mittwoch, 15. Dezember 2004
  Vorträge der zwei neuen Leopold-Scheidl-Preisträger
  Mag. Goran ŽUŽUL:
  Qualitätstourismus an der kroatischen Küste – Fallstudie Bol

Mag. Andreas OBERASCHER:
Stadtmarketing in den USA – Fallstudien aus Illinois
(Leopold-Scheidl-Preise 2004)

Mittwoch, 19. Jänner 2005
Prof. Dr. Anton GOSAR *(Univerza na Primorskem, Koper)*:
Slowenien in der EU: die Tugenden und Vorteile – mit neuen Erfahrungen Sloweniens als EU-Mitglied

Vorträge im Sommersemester 2005:

Mittwoch, 9. März 2005
Mag. Johannes DOBINGER *(Christian Doppler Forschungsges., Wien)*:
Innovation und Wissenstransfer – Internationale und nationale Institutionen und Strategien

Mittwoch, 27. April 2005
Dkfm. Hans STAUD *(Fa. Staud's Wien, „Österreicher des Jahres" 2004)*:
Alternative Firmen- und Standortphilosophien

Mittwoch, 11. Mai 2005
Univ. Doz. Dr. Wolfgang SCHWARZ *(NÖ Landesregierung, St. Pölten)*:
Die künftige EU-Zielprogrammierung „Regionale Wettbewerbsfähigkeit" (2007 -2013): Ihre Gestaltung im Spannungsfeld von EU-Strategie und regionalen Spezifika

Mittwoch, 15. Juni 2005
Mag. Ludwig RICHARD *(Fa. Dr. Richard GmbH, Wien)*:
Der mittelständische Verkehrsunternehmer im liberalisierten öffentlichen Personennah- und Regionalverkehr (Region Ostösterreich)

5. Exkursion

Trotz einschneidender Kürzung der Zuschüsse seitens der WU fand auch im Studienjahr 2003/2004 eine Auslandsexkursion statt, und zwar vom 23. bis 30. April 2004. Sie war wie immer auch Teil des Lehrprogramms der Abteilung ARWI der WU Wien und wurde von Ass.-Prof. Dr. Albert Hofmayer und Doz. Dkfm. Dr. Felix Jülg mit tatkräftiger Unterstützung durch einheimische Experten – inbesondere Prof. Dr. Ivo Nejašmić vom Geographischen Institut der Universität Zagreb – geleitet.

Die Exkursion trug den Titel:

Adriaküste und Inseln: Ressourcenpotential und aktuelle Entwicklung

Die wichtigsten Stationen der Exkursion waren:

- Zagreb (Kurzseminar mit Ökonomen und Geographen an der Universität, Besichtigung der Innenstadt, Stadtrand-Entwicklung);
- Plitvicer Seen (Nationalpark); Krajina (Gespräch mit serbischer Bevölkerung);
- Insel Brač (technische Infrastruktur, Steinbruch und Bildhauerschule, Badeort Bol, Probleme der Landschaftserhaltung);
- Split (Referat Regionalökonomie), Trogir, Benkovac (Autobahnbaustelle);
- Zadar (Fischfabrik), Bootsausflug zu den Kornaten;
- Insel Krk (Erdöl-Terminal), Rijeka, Opatija, Istrien (Besuch eines landwirtschaftlichen Betriebes);
- Rovinj (Hotelinsel Katarina), Koper (Hafenbesichtigung, Vorlesung von Univ. Prof. Dr. A. Gosar);
- Ljubljana (Stadtführung, Miterleben der Feiern zum EU-Beitritt Sloweniens).

Die Exkursion bot interessante Einblicke in die aktuelle wirtschaftliche, räumliche und gesellschaftlich-politische Situation von Kroatien und Slowenien. In beiden Staaten fielen die starken Kontraste zwischen der Hauptstadt, den peripheren Binnengebieten und den Küstenabschnitten und Inseln ins Auge.
Besonders erwähnt sei, dass außer WU-Studierenden auch mehrere ÖGW-Mitglieder reiferen Alters teilnahmen.

6. Leopold-Scheidl-Preis

Für das Jahr 2004 wurde der Leopold-Scheidl-Preis für die beste Diplomarbeit zu gleichen Teilen zwei Absolventen der ARWI zuerkannt:

Herrn Mag. **Goran Žužul** für seine Arbeit „Qualitätstourismus an der kroatischen Küste unter besonderer Berücksichtigung des Tourismusortes Bol (Brač)". Die Arbeit wurde von Ao. Univ.-Prof. Dr. Klaus Arnold betreut;

Herrn Mag. **Andreas Oberascher** für seine Arbeit „Stadtmarketing in den U.S.A. Eine theoretische und praktische Auseinandersetzung anhand ausgewählter Projekte des Bundesstaates Illinois". Die Arbeit wurde von Ao. Univ.-Prof. Dr. Christian Staudacher betreut.

Verzeichnis der Autoren dieses Bandes

Klaus-Peter ARNOLD

Ao.Univ.-Prof. Dr., Abteilung Angew. Regional- u. Wirtschaftsgeographie
der WU Wien, A-1090 Wien, Nordbergstraße 15 (UZA 4)
klaus.arnold@wu-wien.ac.at

Friedrich BENESCH

Univ.-Lektor Hofrat Dr., Generalsekretär der ÖGW,
A-1210 Wien, Autokaderstraße 3-7, Stg. 42

Peter GRÄF

Univ.-Prof. Dr. rer. pol., Geschäftsführender Direktor des Geographischen
Instituts der RWTH Aachen, D-52056 Aachen, Deutschland
peter.graef@geo.rwth-aachen.de

Albert HOFMAYER

Ass.-Prof. Dr., Abteilung Angew. Regional- u. Wirtschaftsgeographie
der WU Wien, A-1090 Wien, Nordbergstraße 15 (UZA 4)
albert.hofmayer@wu-wien.ac.at

Peter JORDAN

Univ.-Doz. Dr., Direktor des Österr. Ost- und Südosteuropa-Instituts,
A-1010 Wien, Josefsplatz 6
peter.jordan@osi.ac.at

Rudolf JUCHELKA

Privatdozent Dr., Lehrstuhl Angewandte Geographie, Institut f. Geographie
der Universität Duisburg – Essen, Campus Duisburg, D-47048 Duisburg,
Lotharstraße 65, Gebäude LE
Rudolf.Juchelka@geo.rwth-aachen.de

Stefan SKOWRONEK

Univ.-Lektor Dkfm. Dr., Mitglied des Vorstandes der ÖGW,
A-1180 Wien, Blaselgasse 4

Christian STAUDACHER

Ao.Univ.-Prof. Dr., Abteilung Angew. Regional- u. Wirtschaftsgeographie
der WU Wien, A-1090 Wien, Nordbergstraße 15 (UZA 4)
christian.staudacher@wu-wien.ac.at